广西全民阅读书系

广西全民阅读书系

熊昭明 韦莉果 著

朱德华 改编

海上丝绸之路

中学版

广西出版传媒集团　　广西科学技术出版社

图书在版编目（CIP）数据

海上丝绸之路 / 熊昭明，韦莉果著；朱德华改编 . -- 南宁：广西科学技术出版社，2025.4. -- ISBN 978-7-5551-2470-2

Ⅰ . K296.7

中国国家版本馆 CIP 数据核字第 2025 UP 9788 号

HAISHANG SICHOU ZHI LU
海上丝绸之路

总 策 划　利来友

监　　制　黄敏娴　赖铭洪
责任编辑　何杏华
责任校对　郑松慧
装帧设计　李彦媛　黄妙婕　杨若媛　梁　良
责任印制　陆　弟

出 版 人　岑　刚
出　　版　广西科学技术出版社
　　　　　广西南宁市东葛路 66 号　邮政编码 530023
发行电话　0771-5842790
印　　装　广西民族印刷包装集团有限公司
开　　本　710mm×1030mm　1/16
印　　张　7.5
字　　数　97 千字
版次印次　2025 年 4 月第 1 版　2025 年 4 月第 1 次印刷
书　　号　ISBN 978-7-5551-2470-2
定　　价　29.80 元

　　海上丝绸之路是借助"丝绸之路"的概念衍生出的对从西太平洋到南中国海，经马六甲跨越印度洋，到达西亚、地中海地区和非洲东岸的古代海上商贸、交通线路的表述。其始于公元前 2 世纪的西汉时期，兴于 8 世纪的唐代中叶，盛于 10—14 世纪的宋元时期，衰落于 17 世纪的明代后期，至清道光二十年（1840 年）鸦片战争爆发时结束。在长达两千年的历史中，海上丝绸之路作为一条东西方不同文明板块之间经济、文化、科技传输的纽带，对世界文明发展进程产生了巨大的影响。

　　最早开通的海上丝绸之路，是从北部湾地区出发的。西汉时期（在汉武帝平定岭南、设置郡县后），官方使团从合浦郡的徐闻、合浦两港出发，途经日南郡，再经由马来半岛，抵达今印度和斯里兰卡。《汉书·地理志》记载的这一远洋贸易航线，标志着海上丝绸之路的正式开通，合浦、徐闻也因此成为最早的始发港，而从目前两地的出土文物来看，又以合浦最为繁荣。

　　之后的历朝历代，北部湾地区作为国际性的水陆交通要冲及中国联系外部世界的通道和纽带，均发挥了不可替代的作用，不但作为开放前沿输出汉文化，促进沿线地区社会经济的发展，而且不断接受域外文化，向中国内陆及东南沿海传播，从而推动整个文化发展的进程。合浦汉墓出土大量与海上丝绸之路有关的珍贵文物，除带去域外作为大额交易货币的金饼外，主要是作为奢侈品输入的香料、玻璃器皿和各类珠饰。这些器物来自汉王朝与东南亚、南亚地区的直接贸易或与中亚、西亚和地中海地区的间接贸易。

唐宋时期是海上丝绸之路发展的高峰时期。中唐安史之乱发生后，吐蕃控制了河西走廊，唐朝开始失去对西域的控制，之后回鹘占据了阿尔泰山一带，陆上丝绸之路进一步受阻并由此衰败，海上丝绸之路便逐渐取代陆路，成为东西方贸易的主要通道。北宋政府十分重视海路贸易，在广州、泉州等主要港口城市设立市舶司，不仅主动遣使出海，而且通过给予优待招徕外商；南宋政府则更加重视海路贸易，关税收入成为其收入的重要来源之一。

元明清时期是海上丝绸之路空前发展直至鼎盛，而后渐趋衰落的时期。元朝在宋朝的基础上，制定了完整、系统的海路贸易管理条例，制度更趋严密和完善，将海路贸易管理水平推向新的高度。海路贸易在社会经济发展和开放政策的推动下，其涉及地域之广、贸易商品之多，均为空前。明永乐至宣德年间，朝廷主持了世界航海史上著名的"郑和下西洋"，由郑和组织船队七次远航至东南亚、南亚、西亚、东非等地区进行外交贸易，将以朝贡为特征的海外贸易推向顶峰。此后，中国持续实行闭关锁国的海禁政策，海路贸易逐渐衰落，直至近代西方列强到来，古典时代的风帆贸易悄然终结。这一时期，北部湾地区的海路贸易受航海技术发展和国家海路贸易政策的影响，以邻国安南（今越南）为主要对象，进行小规模的贸易往来，在中越两国经济、文化交流中发挥了重要作用。

秉承从古到今以和平合作、开放包容、互学互鉴、互利共赢为核心的"丝路精神"，回望历史，鉴往知来，必将为北部湾地区的发展迎来新的更大的机遇。而让读者科学认知古代海上丝绸之路深厚的文化底蕴，是我们出版本书的目的。

本书在"我们的广西"丛书的《海上丝绸之路》分册的基础上进行改编，框架结构、插图亦与原书一致，在此特向原书作者熊昭明、韦莉果两位专家致以诚挚的感谢！

目 录

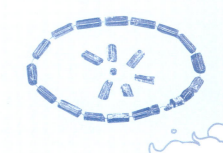
1

海上丝绸之路并不神秘

海上丝绸之路是借助『丝绸之路』的概念衍生的对从西太平洋到南中国海，经马六甲跨越印度洋，到达西亚、地中海地区和非洲东岸的古代海上商贸、交通线路的表述。

为什么叫"海上丝绸之路"

"丝绸之路"和"海上丝绸之路"这么相似，它们是一对"双胞胎"，还是同一条"路"呢？它们到底有什么关系呢？

它们不是同一条"路"，但它们存在着密切的关系。先说说"丝绸之路"这个词吧。德国有位很厉害的地理学家，叫费迪南·冯·李希霍芬。1868年9月，他来到中国，开始了地质地理考察。他用了差不多四年的时光，走遍了半个中国。回到德国后，他出版了《中国——亲身旅行和据此所作研究的成果》（五卷），这是第一部系统阐述中国地质基础和自然地理特征的重要著作。也就是在这本书里，他首次使用了"丝绸之路"这个词语。

想必大家都知道"丝绸"是什么吧，当听到"丝绸之路"，你的脑海里会不会浮现出一条用丝绸铺出来的道路呢？李希霍芬在书中指的可不是这个意思，他是用这个词来形容在张骞出使西域古道基础上形成的中西贸易通道。那么这跟"海"有什么关系呢？这就不能不提到另一位欧洲的汉学泰斗，他就是法国的汉学家爱德华·沙畹。他在《西突厥史料》一书中提出，中国的丝绸贸易主要有两条商道，一条是通过粟特国的陆路，一条是抵达印度沿岸的海路。国学大师季羡林也研究证实了有印度的货船远航到达中国的事情。但那时，人们还是没提出"海上丝绸之路"一词。

直到1968年，这个词才在日本学者三杉隆敏出版的《探寻海上丝绸之路——东西陶瓷交流史》一书中出现。这位学者根据中国陶瓷的海上运输和贸易分布提出的这个概念，因简明易懂，很快就被媒体和学术界接受。

综上所述，我们现在可以知道，"海上丝绸之路"是"丝绸之路"一词的"衍生品"。"海上丝绸之路"不是对古代丝绢贸易陆路的概述，而是对从西太平洋到南中国海，经马六甲跨越印度洋，到达西亚、地中海地区和非洲东岸的古代海上商贸、交通路线的表述。而"丝绸之路"和"海上丝绸之路"不是"双胞胎"，也不能简单地说是同一条"路"。"海上丝绸之路"可以说是"丝绸之路"重要的组成部分。

但这个词被正式定为文化遗产的名称，可不是一帆风顺的。早在联合国教科文组织制订"丝绸之路：对话之路综合考察"十年规划时，就有学者提出，古代东西方之间的海路贸易主要运的是香料、瓷器等物，所以把它称为"香料之路"或者"陶瓷之路"更合适。然而更多的学者认为，古代的东方与西方各国之间的贸易，除了商品交换，还包括文化交流。诸如佛教、伊斯兰教等宗教的传播，中国造纸术、印刷术、指南针和火药的西传，这些都是文化的交流，如果把名称改为"香料之路"或"陶瓷之路"，不但限制了这种交流巨大的意义，而且不能涵盖古代东西方之间物质和文化交流的丰富内涵。因此，"海上丝绸之路"最终被联合国教科文组织所采用，成为固定的表述。

海上丝绸之路的成长可不像春天的竹笋，一夜之间就能蹿得老高，它的成长步伐是非常缓慢的。在公元前 2 世纪的西汉年间，汉朝正式开通南洋航路，它像一颗种子刚刚萌芽。到了 8 世纪的唐代中叶，它才像一棵小树苗一样开始抽枝长叶。中唐时期，安史之乱爆发，吐蕃控制了河西走廊，之后回鹘又占据了阿尔泰山一带，唐王朝无法再控制西域，还怎么开展陆上商贸？这时候，海上的商品贸易就逐渐兴起，海路成为东西方之间主要的贸易通道。唐王朝很重视新开的航道，还在广州设置市舶使，管理对外贸易。后来，宋王朝为它长成参天大树提供了肥沃的土壤。这个时候，航海技术有了很大提升，远航能力也变得更强，中国的船队已经能够开到东非沿岸了。北宋政府在广州、泉州等港口城市设立市舶司，主动派使者出海，还给出优惠政策，以招徕更多的海外商人。南宋政府则更加重视海路贸易，因为关税给政府带来了源源不断的财政收入。元代是它长势最生机勃勃的时代，当时的航海规模处于世界领先的位置。

那么海上丝绸之路的成长道路有没有终点呢？有的。当大航海时代雄赳赳气昂昂地走来之时，它就被殖民贸易这团火焰烧尽了。

经过以上简单的了解，我们可以把海上丝绸之路的成长划分为四个阶段：

第一个阶段，从公元前 2 世纪到公元 6 世纪末。西方的罗马帝国用大量金银货币购买沿线的货物，汉朝向西方出口丝绸、进口珠饰。佛教也通过海路慢慢地传播到了中国。

第二个阶段，从 7 世纪初到 10 世纪末。穆斯林商人的脚步遍布世界，他们在沿海地区建立许多穆斯林社区和清真寺。而中国的福建和广东也跟上时代步伐，与朝鲜半岛、日本列岛进行贸易和交往。

第三个阶段，从 11 世纪到 15 世纪中期。这个时期，伊斯兰教在东非和东南亚进一步扩张。中国商人也在东南亚活跃起来，郑和在此期间七下西洋。朱罗王朝海上帝国诞生后，印度商人有了朱罗海军的巨大支持，在东南亚留下了许多印度教的宗教建筑遗迹。

第四个阶段，从 15 世纪中期到 17 世纪中期。此时，殖民贸易的火苗燃起来，中西贸易的平等关系遭到破坏。欧洲人成为海路上的佼佼者，他们开启了从美洲跨越太平洋的新航线，天主教也趁机扩张传播自己的文化。

说说海上丝绸之路的文化遗产

如果历史上没有海上丝绸之路，那么人类的共同文明就少了一颗璀璨的明珠。海上丝绸之路究竟给我们的精神文明带来了怎样的财富呢？

一起来了解一下吧。

海上丝绸之路就像一张很大很大的网，把古代的亚洲、非洲和欧洲之间的海上物资和文化交流联结在一起，沿线各国的贸易、科技、艺术、宗教等就是这张网上的网线，各国就借此对话、碰撞和融合。世界文明便这样一步步发展起来。

那么，到底是什么因素推动了海上丝绸之路的形成与发展呢？首先是人类的海洋认知越来越丰富，其次是人类的造船技术和航海技术不断提高。当时都有哪些了不起的技术呢？海上丝绸之路的探索主要是借助季风与洋流等自然条件以及良好的航海技术才能顺利开展的，而那时人们已经发现了季风的规律，学会了使用风帆，造船技术得到很大改进，还应用上了地磁和天文导航技术……

可以想象一下，世界不同的文明就像一块块积木，每块积木代表一个地区。有东亚积木、东南亚积木、南亚积木、西亚积木、埃及－地中海积木和东非积木。在茫茫大海中，这些积木就是通过海上丝绸之路连接在一起，而那些港口片区就是这些积木的连接点。

也许有人会问，个人能通过海上丝绸之路贩卖商品吗？答案是肯定的。海上丝绸之路有国家主导的贸易，当然也有私人的商团贸易。古人到底都在交易什么货物呢，品种丰富吗？现在就带你来了解一下。

这些贸易商品主要有三类：第一类是手工制品，如中国的丝绸和瓷器，东南亚、南亚的珠饰，地中海的金银器皿等；第二类是独特的原料和加工品，如东南亚、南亚的香料、胡椒，波斯－阿拉伯的乳香、没药，东非的象牙等；第三类就是黄金和白银。这三类商品促使不同的积木产生了更密切的交流和更有意思的碰撞，国与国之间的政治、文化交流更丰富了，外交面更广阔了。

也正是因此，海上丝绸之路给我们留下了丰富的文化遗产。像那些码头、航标建筑、造船场、驿站、海防设施等海港基础设施或港口城市遗存，那些瓷窑、丝绸织造工场、珠饰加工场等外贸商品生产基地遗存，那些因宗教、文化或技术传播交流而出现的建筑设施、园林景观、工艺品等遗存，还有那些珠饰、香料、药材等贸易物品遗存，都是海上丝绸之路给人类史留下的宝贵遗产。

历史上，中国沿海城市修建的港口非常多，合浦、广州、泉州、福州、扬州等地都有重要的港口。政府非常重视这些港口，在此设立了"左右候官"、市舶司等掌管对外贸易的官员和机构。如今这些地方还保留了不少文化遗产，它们就像一个个在风中摇响的风铃，时刻告诉我们海上丝绸之路为人类文明和文化交流作出的巨大贡献。

如何对海上丝绸之路进行考古

我们先从考古学的角度谈一谈海上丝绸之路。

前面已经说到，海上丝绸之路给人类留下了丰富的文化遗产，以及这些遗产都包括什么。要对海上丝绸之路进行考古，可以从这些遗产入手，其中比较具有代表性的有港口、沉船，还有贸易品。通过研究，我们可以看到海上丝绸之路沿线的古代族群、语言、宗教的物质和文化交流情况，还能了解到一些精彩的历史细节。

考古海上丝绸之路的港口

先说说海上丝绸之路遗留的港口。

【合浦港】合浦港地理位置优越，是汉代官方管理的海路贸易港口城市，是广东、广西进入交州地区的枢纽，也是中国最早的海上丝绸之路始发港。墓葬和城址是合浦港考古的两个主要内容。到 2013 年底，合浦发掘出来的墓葬已经超过 1200 座，其中汉墓最多。专家们在汉墓里发现了许多不同种类的汉代珠饰。从 2002 年开始，专家们便开始了对城址的发掘，工作重心也转移到对城址的研究上。

到了唐宋时期，合浦港还是海上丝绸之路的重要港口，海门镇（今合浦县廉州镇）不但成为合浦的主要商埠，还成为安南等国进贡中原王朝的通道。

【广州港】广州港在唐宋时期名气可是响当当的，是当时中国海路贸易的第一大港。唐代在这里设立市舶使，宋代、明代又在这里设立市舶司。哪怕明代已经实行了禁海令，广州依然是官方朝贡贸易的重要港口城市，一度形成了外国商人、使者来华贸易"俱在广州"的局面。港口贸易的繁荣也促进了当地经济和文化的发展，使广州成为岭南地区历代的政治、经济和文化中心。

如此一来，海上丝绸之路在广州的遗迹就很多了。唐代的光塔见过吗？它可以作为灯塔来使用。明代的琶洲塔和莲花塔知道吗？它们都是游船的航标。此外还有宋代的西村窑址，佛教遗迹光孝寺，与伊斯兰教有关的怀圣寺、清真先贤古墓，以及从南越王墓、南越国宫署遗址等出土的器物。

【泉州港】泉州是一个得天独厚的地方，它海湾多、水域宽、航道深，很适合修建码头。这么好的航运条件，你是不是觉得它很早之前就开始有海路交流了呢？确实，泉州港与海外交流往来的最早记载在南朝。那个时候，印度高僧在泉州译经并从此地搭乘大船返回自己的国家。宋元时期，泉州是中国乃至远东地区的第一大港。

泉州港的文化遗存非常丰富。六胜塔、姑嫂塔是航标建筑，它们能指引船只进出港湾，还能维护航线正常运行；石湖码头、文兴码头和美山码头，船只可以在这里停靠，货物可以在这里转运；一些航海祭祀遗存，如天后宫、真武庙和九日山祈风石刻；不少外贸商品生产基地与设施遗存，如窑址、丝绸练染设施等。另外，泉州还出土了许多宋元时代的伊斯兰教、基督教墓碑石刻，可见当时有很多外国人在此活动。

【上海青龙港】上海地区最早的对外贸易港口是青龙港。它地理位置优越，稳坐南北海路交通的要冲，还有吴淞江和长江沟通内陆。2010—2016年，上海博物馆对青龙镇遗址开展了考古勘探和发掘工作，发现了佛塔塔基、建筑基址、墓葬、水井等重要遗迹，还出土了很多瓷器。

【宁波港】宁波是一个不甘落后的地方，早在东汉时期就已经有了海路贸易活动。在唐代，它是重要的港口城市（时称明州），既连接朝鲜半岛，又连接日本列岛，大量的瓷器、茶叶和丝绸从这里输运到海外。遗存主要有保国寺、天童寺、永丰库遗址等。在遗址中出土的外销瓷器五彩斑斓，有越窑、龙泉窑的青瓷，景德镇的影青瓷，福建的白瓷，建窑的黑釉盏，等等。另外，建筑技术、制瓷技术和佛教文化等也通过明州港传到了朝鲜半岛和日本。

【福州港】福州的贸易在唐和五代时期达到鼎盛。明代时郑和的船队曾在此停泊和启航，它的名气也因此变得非同一般。海港设施遗存中有不少古渡，如邢港古渡、东岐古渡、登文道古渡等。涉及文化交流的遗存也有不少，如《天妃灵应之记》碑、闽王墓等。

【扬州港】扬州的地理位置很独特，位于江运、河运和海运的交汇之处。在唐代，扬州也成为海路贸易的重要港口城市，商业经济地位曾跃居全国第一。哪怕到了宋元以后，它的繁华不再，但仍是海上丝绸之路不可或缺的部分。扬州与海上丝绸之路有关的遗迹也不少，如果有兴趣，你可以去扬州看看仙鹤寺、大明寺，也可以去参观扬州城遗址和普哈丁墓。

【漳州港】明代中后期到清代早期，中国东南沿海地区海外贸易的中心是漳州。明隆庆元年（1567年）开放海禁后，漳州月港成为官方唯一认可的民间外贸口岸。历史上，漳州最有特色的手工艺方面的成就就是自己烧制瓷器，不仅继承了同时期景德镇的工艺，而且独创了漳州窑瓷器，赢得了海外各国的市场。漳州也有不少相关遗存，如南胜窑址、东溪窑址等。

【蓬莱港】蓬莱在唐代得到了重用，成为登州治所。自此，它一直是海上丝绸之路上中国北方海外交通的重要门户，很多大船就是从这里开往朝鲜和日本等地的。到了宋代，它的贸易作用减弱；到了明代，则逐渐演变成了军事港口。

考古海上丝绸之路的沉船

再说说海上丝绸之路的沉船。

大海的力量不可估量，古代的船只质量和航海技术还有许多不足，发生海难是正常的。

中国帆船为从事海路贸易的古典时代帆船的典型，分为福船、广船和浙船三大类。迄今为止，我国水下考古发现的沉船，以福船最多。现在我们一起来了解一下历年发现的一些著名沉船吧。

"黑石号"沉船 1998 年在印度尼西亚勃里洞海域被发现，出水的文物主要是唐宝历湖南长沙窑瓷器，大约有 56500 件。印坦沉船 1997 年在印度尼西亚雅加达附近的海域被发现，在出水的文物中可以看到中国五代时期的越窑青瓷以及少量青白瓷和白瓷等。井里汶沉船 2004—2005 年间在印度尼西亚爪哇海域被发现，竟然出水了 10 万件越窑瓷器，根据瓷器的纪年，可以推测出这艘船是于北宋早期在海上活动的。"平顺号"沉船 2001 年在越南平顺省沿海被发现，据船型特征和木材鉴定，可断定它应是一艘中国船；出水的瓷器约 10 万件，几乎全是明万历漳州窑瓷器。"头顿号"沉船 1989 年在越南槟榔岛被发现，出水很多清康熙景德镇民窑青花瓷，且相当一部分是为了欧洲市场专门制作的。新安沉船 1975 年在韩国新安郡海域被发现，应为元至元年间福建制造的福船，出水许多瓷器，产地几乎涵盖当时中国各地代表性窑场。

在中国发现的沉船中，以"南海Ⅰ号"最为瞩目。2007 年，这艘船在广东阳江的外海被打捞上来，现被安置在广东海上丝绸之路博物馆的

"水晶宫"里。在对它进行清理的过程中，人们发现了大量的瓷器、金器、铜器和漆木器等。瓷器主要产自江西、福建和浙江，几乎囊括了当时中国南方主要窑口的瓷器种类。

考古海上丝绸之路的外销瓷

最后我们来说说海上丝绸之路贸易中的外销瓷。

陶瓷是东西方文化交流的桥梁，通过中国陶瓷的出土、收藏情况，我们可以勾勒出中国瓷器的行销路线、时代背景、风格特征、工艺制造和民族喜好等，并分析中国陶瓷的文化扩张力。由此可见，外销瓷研究具有重大意义。

20世纪五六十年代是中国古陶瓷研究的早期阶段，有研究东南沿海外销瓷窑址的，也有研究中国外销瓷的区域和路线的，还有研究东非各国出土的中国外销瓷的，等等。1978年后，中国古陶瓷研究全面展开，有关部门开始对沿海地区窑址进行调查和发掘，由此对中国瓷器外销的整体情况有了清晰的认识。

水下考古的兴起，为陶瓷考古研究提供了贸易环节的珍贵资料，促使不少学者在陶瓷考古研究上作出了巨大贡献。有学者勾勒出了9—10世纪东南沿海陶瓷器的对外贸易模式；有学者发现，明中期到清末，无论是中国沉船还是欧洲沉船，船货都以景德镇窑和漳州窑生产的青花瓷为主。

至于广西有没有瓷器销售到海外，学界还没有专门论著，不过已有部分学者在一些考古发掘简报或研究文章中研究过广西瓷器与海外贸易的关系。

简单了解
北部湾地区

海上丝绸之路是古代人们借助季风、洋流，利用传统航海技术开展的东西方交流的海上通道。北部湾地区地处信风带上，还有内河连接海洋，为沟通中原和出海航行提供了便利条件。因此，在探讨古代海上丝绸之路前，有必要了解北部湾地区自然环境与历史沿革方面的一些知识。

陆地环境

探讨海上丝绸之路时，必须先说一说广西的北部湾。前面有提到，海上丝绸之路的繁荣，一是依赖造船技术，二是依赖航海技术。而航海要依赖什么呢？要依赖信风与洋流。这跟北部湾有什么关系吗？

当然有。北部湾地处低纬度的信风带，有绵长的海岸线和常年不冻的良港，还有内河连接海洋、辐射内陆，为沟通中原和货物的顺利出海提供了方便。所以，在探讨海上丝绸之路前，我们有必要了解北部湾的自然环境和历史沿革。

北部湾在我国的位置很特别，它的东部是雷州半岛和琼州海峡，东南部是海南岛，西部与越南紧邻，北部是广西。

东部的雷州半岛地形单一、起伏不大，主要有南渡河、遂溪河和通明河。

东南部的海南岛地形以山地和台地为主，四周低、中间高，较大的河流有南渡江、昌化江和万泉河。

西部的越南境内河流细密，如罩在大地上的网。一条发源于中国的大河将越南与中国连接起来，这条河发源于中国，在中国叫元江，在越南叫红河。这条河从西北流向东南，途中接纳了不少河流后涌向大海，最后注入北部湾。

北部的防城港、钦州和北海自古以来就是广西乃至整个西南地区出海的通道，更是我国与东南亚、南亚等地并进行对外贸易和文化交流的重要节点，是古代海上丝绸之路的重要组成部分。

现在，让我们一起来了解广西陆地的自然地理环境吧。

气候与地貌

广西位于我国南部，属亚热带季风气候区，是我国五个少数民族自治区之一，也是唯一的沿海自治区。年平均气温 17～22℃，多年平均降水量 1546 毫米，气候温暖，雨水充沛，光照充足。它的邻居有广东、湖南、贵州和云南等。

广西因为所处纬度较低，所以气温较高，太阳辐射能较强。低纬度地区处于信风带，由于地球各处气温、气压不同，空气会从副热带高气压带朝赤道附近的热带低气压带流动，在地球自转作用下，赤道北侧刮东北信风，赤道南侧刮东南信风。古代的商人常常借助信风吹送在海上往来贸易，故将这股风称作"贸易风"。

广西的山多，放眼望去，到处山脉连绵。而广西除了山，还有盆地，有江河。大容山就屹立在玉林盆地边上。有河流从山地两侧流出来，流入郁江、南流江、北流河。玉林盆地地势低平，从这里既能通向南流江，又能通向北流河。越城岭和海洋山之间的谷地也比较低平，它连接着湘江和漓江上游的谷地，一直以来都是南北交通的要道。两千多年前，秦始皇在这里开凿了灵渠，从此这片土地就与长江、珠江沟通起来了。

在广西，丘陵比山地少一点，桂南的丘陵往往集中成片。可别小看丘陵，它是广西重要的农业产区。这主要得益于它良好的自然环境——光热条件好，坡度小，土层厚。不管是农业、林业，还是畜牧业，都可以在这里开展。

给人多山印象的广西也有不少平原，它们分布在或大或小的河流沿岸、山间盆地、海滨、河口三角洲等。平原的土层深厚，土壤肥沃，光热充足，很适合发展农业，于是成为广西粮、油、糖等的生产基地。譬如合浦平原，地势平坦，光照充足，雨量充沛，每年盛产水稻、花生和桑蚕等。

水系与河流

在我国古代，很多情况下交通都要依赖水路。海上丝绸之路的发展壮大，当然与大海、河流有很大关系。广西河流众多，有西江、桂江、南流江、北流河等，自古便是重要的航道。据统计，广西集水面积50平方千米以上的河流有1350条，河网平均密度0.22千米/千米^2，西江流域范围覆盖全区陆地总面积的85.4%。

广西有四大水系。

第一个是西江水系。它在广西境内分布最广，集雨面积占广西土地面积的85.7%。西江干流全长2216千米，流经广西境内长1239千米，流域面积20.2万平方千米，主要由红水河、黔江、浔江、西江等河段流域组成。西江水系主要由西江干流及其大小支流构成，从上空看，这条水系像一棵大树，分叉出许多枝丫。其中，红水河与柳江汇合后，称为黔江。黔江全长122千米，位于西江干流的中下游河段，由红水河和柳江汇合而成，下头连接郁江。郁江（南宁至桂平段）全长424千米，由左江、右江汇合而成，下头连接黔江。黔江与郁江汇合后，称为浔江。浔江全长172千米，下头与桂江汇合流入广东后，称为西江。总之，这些江河都是我连着你、你连着我，网一样扣在广西大地上，为船只和贸易提供了极大便利。

第二个水系是长江水系。它分布在广西的东北部，广西境内流域面积8283平方千米，主要河流有湘江和资江。湘江干流全长856千米，流域面积9.5万平方千米。它的支流比较多，主要有灌江、宜湘河、万乡河等。湘江的两岸有狭长的洪积、冲积平原，土地肥沃，利于农业发展。资江全长653千米，流域面积2.8万平方千米。

第三个水系是独流入海水系。一听这个水系的名称，就知道它最终是流入大海的。到底流入哪个海域呢？当然是北部湾海域了。这个水系

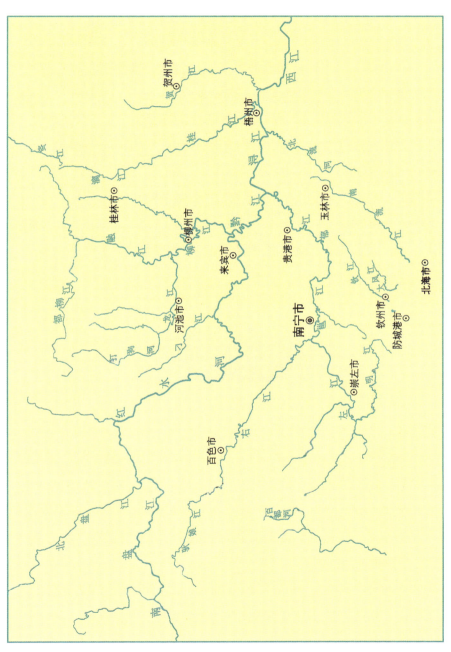

广西主要河流分布示意图

主要分布在广西南部的钦州、北海、防城港和玉林等地，共有河流123条，流域面积2.4万多平方千米。其中较大的河流有南流江、钦江、大风江、九洲江等。南流江长287千米，流域面积8635平方千米，流经北流、玉林市区、陆川、博白、浦北和合浦，注入廉州湾，是广西独流入海的第一大河。它是一条重要的江海直通水运航线，水运在过去非常繁忙。钦江干流长195.3千米，流域面积2391.3平方千米，流经灵山、钦州市区，注入钦州湾。大风江流经钦州的那彭、平银和东场等地，在沙角河口注入三娘湾。

第四个水系是百都河水系。它经过广西那坡县的百都、下华、百省、百南等乡镇，出越南后汇入锦江，注入红河，最后流入北部湾。它在那坡县内干流河道长68.8千米，流域面积1514平方千米，主要支流有那考河、下华河、百合河等。

海洋环境

北部湾位于北热带，年平均气温22.7℃。湾内的风力一般不超过6级，水域较平静，是建港、发展渔业和建设海洋工程的好地方，不过6—10月这里会出现台风。水深一般为20～50米，最深不超过90米。湾内海底平坦，倾斜度小，海流缓慢。这里岛屿很多，主要有中国的涠洲岛、斜阳岛等。这里的港湾也不少，主要有中国的安铺港、铁山港、钦州湾、珍珠港和越南的下龙湾等。

北部湾的海岸线全长1595千米，曲曲折折。这里的港湾水道很多，还深入内陆，如此一来，避风条件就好，天然良港就多，难怪这里是我国港口资源最丰富的海岸段之一。

中国距离东南亚各国最近的港口是北海、钦州和防城港。从防城港到越南的海防只有 40 海里（约 74 千米），往南去则可以直达泰国、马来西亚、新加坡、菲律宾等国。

现在，越南中部、北部的重要港口有岘港、海防、河内。岘港地处越南海岸线中段，它的海湾又宽又深，形状像一个马蹄。南北两侧还有山脉作屏障，是越南重要的军事港口和贸易口岸。海防水陆交通发达，是越南北部最大的海港城市。河内地处红河三角洲的西北部，不但是越南北部重要的水陆空交通枢纽，还是越南的政治、经济、文化中心，是东南亚国际贸易的重要港口。

北部湾是中国重要的热带渔场。这里工业污染少，水质好，浮游生物和海底的动物、植物资源都很丰富，非常适合发展海产养殖业。此外，这里可以捕捞的海区有 40 多处，可捕获的鱼类有 500 多种。

除了鱼类，这里的虾、青蟹、海参和珍珠贝等经济动物也很多。同时，这里还具备比较好的海水制盐条件，如海水含盐量高，热量充足，蒸发量大，风力很强；沿岸还有广阔的滩涂，为制盐提供了场所。自唐宋以来，合浦就是重要的海盐生产和集散基地，海盐甚至卖到了西南地区。

历史沿革

广西给人的印象或许是地理位置比较偏，自古交通不便，比较封闭，其实不然。从先秦起，北部湾地区就与中原有密切的交往。秦始皇三十三年（公元前 214 年），秦统一岭南，设立了桂林、象和南海三郡，把北部湾地区正式纳入中国版图。

现在，说一说广西的邻居——越南。古时（尤其是宋元以前），越南的中部、北部被称为"交趾"，秦到南越国时为象郡地。汉武帝平定南越后，于元鼎六年（公元前 111 年）在这里设立交趾、九真和日南三郡。五代后晋天福四年（939 年），吴权击败了南汉军队，自立为国。到了宋乾德六年（968 年），丁部领建立丁朝。宋开宝六年（973 年），丁朝派遣使者去宋朝，希望宋朝能把这里分封为宋朝的藩属。宋朝没有让他们失望，欣然接受了。从此，中越两国正式变成了宗藩关系。这种关系历经宋、元、明，一直到了清光绪年间，越南沦为法国的殖民地后才终结。

在汉代，雷州半岛是合浦郡下属徐闻县地，吴、晋、南朝和隋朝时略有增加或缩小，但基本还是属于合浦郡的。

海南岛在汉代隶属珠崖和儋耳两郡；到了唐代，属岭南道（其间短暂属岭南西道），并设崖州、儋州、琼州等；宋代设琼州及昌化、万安、吉阳三军，属广南西路（南宋时改隶广南东路）；元代设乾宁军民安抚司，属海北海南道宣慰司，隶属湖广行中书省；明初隶广东行中书省（后改为广东承宣布政使司），设琼州府；清代沿袭明制。

广西地区历史悠久，据考古发现，距今 80 万年时，百色盆地一带就有人类居住。先秦时，居住在广西地域的主要有骆越、西瓯、苍梧三大族群，这些族群与中原已经有密切交往。

海上丝绸之路
开通前的岭南

秦朝平岭南后，岭南地区归属中央政权，正式纳入中国版图。南越国时期，承袭和仿照秦汉制度的一系列统治政策，加快了岭南地区的民族融合与社会发展，岭南越人与域外民族不断接触，由此揭开了汉朝正式开辟海上丝绸之路的序幕。

秦始皇统一岭南

秦始皇二十八年（公元前 219 年），秦始皇派将领屠睢率大军攻打百越。虽然秦军部署严密，从东面和北面夹击西瓯和骆越，但统一岭南的道路并非一帆风顺。岭南越人本来就对当地的地形和环境非常熟悉，又善于攀山越岭、积水荡舟，所以常趁夜色偷袭秦军，破坏秦军运粮的道路。秦军因此疲于奔命，陷入了困难的境地。为了突破困境，大约在秦始皇三十年（公元前 217 年），秦始皇命令监御史禄率领将士们开凿灵渠，用来运粮。

灵渠挖成，运粮问题解决后，秦始皇三十三年（公元前 214 年），秦始皇重新部署了进攻岭南的战争策略，派遣任嚣和赵佗继续攻打岭南。他们很快就击溃了西瓯，基本占领了整个西瓯地区。随后，他们又领兵南下，攻下了广西南部和越南北部、中部的广大地区。

至此，秦始皇统一岭南的大业终于完成。

秦朝虽然短暂——从统一岭南到楚汉战争的爆发，这期间也就七八年的时间——但对岭南的开发经营和经济的发展都起到了很大作用。那么，秦朝为岭南的发展做了哪些有意义的事情呢？

首先，秦统一岭南后，推行郡县制，设置桂林、南海和象三郡。桂林郡治为布山，就是现贵港市，主要管辖今广西大部地区；南海郡治为番禺，就是现广州市，主要管辖今广东中东部地区；象郡所管辖地区主要为今广西西部和越南中部及北部。

其次，为了加强对地方的管制，秦始皇大力兴修从国都咸阳到全国各地的道路。秦始皇三十四年（公元前 213 年），秦修建的通往岭南的新道路主要有四条，其中从全州到今桂林市区的这条路，是坐船通过灵渠进入西江；另外的三条是走陆路，然后要么在封水（今贺江）坐船，选择过西江，要么在洭水（今洭江）或湟水（今连江）坐船，选择过北江。不管选哪条路线，最后都能抵达岭南的政治、经济和文化中心番禺（今广州）。

只有保持新道路的通畅，才能加强对岭南的军事管制。于是，秦在新道路所要经过的险要岭口和那些战略重地修筑了秦关。如在广东境内修筑了横浦关、阳山关等，在广西境内修筑了秦城、严关。

灵渠开凿成功后，从全州进入今桂林市区的这条路就变成了五岭南北交通的孔道，更是楚地到广东、广西的咽喉要道。灵渠一带也因此成为驻扎军队的地方。于是，秦朝非常明智地在湘江南、灵渠口、大融江和小融江（即今大溶江和小溶江）之间修建了秦城，在秦城往北20里（约10千米）又建筑了严关。如此一来，既可以保证灵渠的畅通无阻，又可以达到军事上的目的——进攻时可以沿水路长驱直下，如果战事不利，还可以退到漓江要口上，凭借险要的地形严防死守。

之后，秦朝其他地区的百姓移居岭南。在历史上，较大规模的移民有三次。第一次移民在秦始皇三十三年（公元前214年），一些逃亡的人、上门女婿和商人千里迢迢来到岭南，成为两广的早期开拓者。岭南贫瘠，把商人移民到这里是有好处的。秦始皇认为，商人经商可以让地方富裕起来，还有助于行兵打仗。第二次移民在秦始皇三十四年（公元前213年），秦始皇贬谪那些执法不正的官吏去修筑长城或是戍守南越地区。第三次移民在秦末，赵佗知道他们攻打百越损失很大，中原地区已是疲惫不堪，于是自己便带领将士们留在岭南，并上书请求赐给三万女子，让将士们成家。秦始皇下诏让一万五千女子去到了岭南。

秦朝平定岭南意义重大：第一，使岭南在历史上第一次归属中央政权，正式纳入中国版图；第二，秦朝修筑的道路加强了岭南与岭北的联系，使秦朝的统治延伸至南海，为汉代官方开辟海上交通路线奠定了基础。

南越国对广西的统治

南越国是一个怎样的国家？国君是谁？它为什么能统治广西？带上这些问题，我们一起往下读。

秦末，诸侯、豪杰互争雄长，担任南海尉一职的任嚣也不甘落后，他想自己统治岭南。天下大乱，地势险要的南海山高皇帝远，让任嚣觉得自己就是个天选之人，他仗着自己手里掌控着秦朝戍守岭南的五十万军队，加上朝中还有人相助，便在秦二世二年（公元前208年），假传自己得到了皇帝的诏书，开始了一方称雄的道路。他临死前，任命赵佗为南海尉。

任嚣死后（公元前207年），赵佗就开始清除身边怀有异心的旧朝官吏。随后，他发兵攻打桂林郡和象郡，控制了整个岭南地区后，自立为南越武王，并在公元前204年建立了南越国。南越国的疆域广大：东邻南海；西达广西河池的环江、东兰、巴马和百色德保一线；南到越南中部大岭以北和长山山脉以东；北界则从广西三江、龙胜等县起，到兴安严关，到恭城、贺州，再折向广东的连山、阳山，福建的永定、平和等地，而后东达于海。

赵佗建立南越国后，积极推广中原文化，维护岭南社会的稳定，促进了经济文化的发展。

在政治上，实行郡国并行制，适当地建立郡县和分封。

赵佗攻下桂林郡和象郡后，仍设桂林为郡。西瓯，也就是现在的梧州和贺州一带，它们在五岭南北交通的要道上，为了控制好这里，赵佗把它从桂林郡拎出来，单独建立了苍梧王国，并交给赵光来治理。赵佗考虑到象郡部族势力很强大，于是就只派使者来监督，同时加强对北江水道中游地区的经营和掌控。赵佗还仿照中央王朝，分封了王侯，如苍梧王。

在军事上，加强广西北部和广东东部的边防力量。

在广西北部，赵佗加强了对严关和秦城的防守，在桂岭设置防线。桂岭又名萌渚岭，是中原进入南越的路口之一。如果有敌人从这里进攻致桂岭失守的话，南越国就岌岌可危了。于是，赵佗又在盘陀岭修筑了蒲葵关。从此，南越国的北面构筑起了一道严密的军事防线。

在文化和礼制上，推广汉语言文字、度量衡制、礼仪葬制等。

赵佗用汉文化教化岭南民众，兴办学校。从出土的文物中，可以看到不少汉文字材料。如贵港罗泊湾一号汉墓出土的木牍《从器志》上就有 372 个汉字，还有封泥、木器、漆器、铜器上刻划或烙印的文字等，都是带着一点篆书笔意的隶书文字，说明南越地区文字的使用、演变和中原基本同步。南越国还效仿秦朝制度，在岭南地区实行了统一的度量衡，如罗泊湾一号汉墓出土的竹尺、木尺，足部刻有重量的铜鼓、铜桶、铜钟，以及刻有容量单位的铜鼎等，可以说是度、量、衡齐全了。南越国的葬制也深受中原文化的影响，从考古发现来看，墓葬主要有土坑墓、木椁墓，随葬品也是模仿中原的陶制鼎、钫、壶等组合。

在民族关系上，团结百越。

南越国境内百越杂处，处理好不同民族之间的关系，对南越国的长治久安非常重要。赵佗立国后，根据西瓯一个民族聚在一处的特点，采用了地方自治的策略，封有才能的人为西吁王来治理西瓯。骆越人主要聚居在广西左右江流域、贵州西南部，以及越南的红河三角洲。赵佗征服骆越后，仿效秦朝统治的"羁縻"方法，给这些土人头目封"王""侯""邑长"等，让他们实行自治。他尊重当地的文化特点，如同住干栏式房屋、同吃蛇和蚌等，这些举动很好地促进了汉人和当地越人的交往。

南越国时期广西的内外交流情况

与汉朝和长沙国的交流

西汉刚刚立国的时候，中原残破，不管是士兵还是百姓都已经很疲惫。如此一来，中央自然没有过多精力管辖岭南。一直到了汉高帝十一年（公元前 196 年），刘邦才派陆贾下诏书到岭南，正式立赵佗为南越王，赵佗为王这才算是得到中央的肯定。从此，汉朝与南越国开始进行贸易交流，南越国成为汉朝的藩属国，与汉朝的诸侯国长沙国守境相安。

高后吕雉掌权后，对南越的管控很严，比如不许对南越国输出金铁田器，还限制当地牛、马和羊的繁殖，严重影响了南越国的农业和畜牧业的发展。赵佗对此非常不满，多次派遣使者去交涉，却没有得到满意的结果。赵佗一怒之下，在高后五年（公元前 183 年）自立为南越武帝，并发兵攻打了长沙边邑好几个县。从此，南越国与汉朝的关系破裂。

到了汉文帝时，两国的关系逐渐修好，汉文帝恢复了赵佗南越王的封号，允许赵佗自行管治五岭以南之地，汉朝和南越国也恢复了贸易关系。汉景帝时，南越国还派使者带上贡品去汉朝，两国的藩属关系继续维持。汉武帝时期，南越国发生内乱，武帝趁机派兵讨伐南越。元鼎六年（公元前 111 年），南越国都城番禺失守，各地的守将也相继投降，归附汉朝。

南越国与长沙国及中原等地的交往，使得广西的农业、手工业、商贸等得到了巨大发展。从考古出土的文物中，我们可以看到当时各方面的情况。罗泊湾一号汉墓里发掘出两枚木牍，其中一枚为《东阳田器志》，是从江淮地区引进农具的清单；另一枚则清楚地记载了一些农具的名称和数字，可以看清上面写的是锸、锄等，这些都是中原地区常用的农具。赵佗是中原人，他知道南越国手工业基础薄弱，对汉朝称臣，就可以仰仗中原发展生产了。

南越国时期墓葬出土的青铜器，从器形、纹饰和铸造工艺上看，主要来自中原地区和邻近的楚地。而当地制造的器物，也多是模仿中原和楚地的器物，如罗泊湾一号汉墓出土的提梁漆绘壶，上面的纹饰线条流畅、形象生动，明显受到楚国绘画风格的影响。

因为有了文化的交流，岭南地区的漆器制造业得到较大发展。到目前为止，南越国时期墓葬出土的漆器已达上千件。出土的漆器中，可以看到耳杯、盘、盆、桶等器型。

在商贸方面，利用灵渠、严关等四条"新道"进行贸易。南越国从长沙国等地运来开发南越所需的先进铁制工具和牛、羊、马。罗泊湾一号汉墓出土的木牍《从器志》记有"中土瓴州"等字样，"中土"就是中原地区；而出土的玉器，应该是来自中原或长沙国。南越国还会拿自己的土特产向汉朝进贡，如当地盛产的荔枝、龙眼，另外还会进贡玳瑁、犀牛角、孔雀、珊瑚树等。

在秦统一岭南之前，南越没有金属铸币，统一后"半两"钱币才流通到岭南。哪怕到赵佗建立了南越国，依然没有铸币，还是用"半两"钱。

与闽越的交流

闽越是百越的一个分支，在南越国的东边。秦始皇统一天下后，把闽越无诸的"王"号给废掉，只给了他一个君长的身份。秦末，无诸终于找到报仇机会，跟随各诸侯一起灭秦。后来他又跟刘邦一起攻打项羽，刘邦建立汉朝后便册封他为闽越王。从此，闽越和西汉建立了藩属关系。

吕雉掌权后，对南越的贸易管制特别严格，引起赵佗的不满。赵佗一气之下叛变汉朝，自立为南越武帝。他不但发兵攻打长沙国，还用钱财贿赂、威逼利诱等方式对付闽越、西瓯、骆等。闽越迫于兵力，不得不役属于南越。直到建元四年（公元前137年），赵佗去世，闽越王趁着新南越王赵眜刚刚继位，发兵攻打南越国的边邑。赵眜赶紧上书汉朝求助，这才避免了一场大战。可好景不长，后来汉朝攻打南越，闽越王余善耍小聪明，一方面给汉朝上书说"我愿意带兵跟随楼船将军进攻南越"，另一方面又偷偷派人给南越国通风报信，企图坐收渔利。可不想唇亡齿寒，元鼎六年（公元前111年），南越国灭亡之后，闽越王终于感到自身难保，不得不率兵反叛汉朝，最终因内讧而亡。

从考古发现中可以看出闽越和南越的密切关系。福建崇安闽越国城址出土的印纹硬陶上的几何图案，正是南越国流行的；与南越国宫署遗址出土者相似的云箭纹和"万岁"文字瓦当，其制作技法和纹样在中原都没见过，应是受南越国的影响仿制的。

与夜郎、句町的交流

夜郎在南越国的西面，是战国至西汉前期分布在贵州西部及其周边的一个部落联盟。西汉初期，岭南一带断绝了与中原的来往，为了寻找一条新的经济贸易道路，南越沿红水河和郁江西上的水路就繁荣起来了。这条水路途经夜郎，于是夜郎也趁机把自己从蜀国贩来的铁器卖到南越去。当时南越也用财物诱惑夜郎，让它与自己建立联盟。

句町也在南越国的西面。句町涵盖了今云南的广南、富宁，以及广西百色的西林、隆林、田林等地。句町地理位置特殊，处在南越、夜郎和滇之间，是南越沿郁江和红水河到滇的必经之地。罗泊湾一号汉墓出土的铜鼓、羊角钮钟等与西林出土的相似，可见南越国和句町是有比较密切的文化交流的。

南越国的海外贸易

关于南越国的海外贸易情况，可以从两方面来了解：一是域外输入的商品，二是海上的交通工具和路线。

先来说说域外输入的商品。

根据史书记载，南海有"羽翮、齿、革"等，番禺有"珠玑、犀、瑇瑁、果布"等，秦始皇就是为了"犀角、象齿、翡翠、珠玑"等物而发兵攻打南越。汉初时期，有不少中原商人来番禺做生意。南越国时期，长安和南海诸国还没建立直接的交往，这些稀有的物产多是先在番禺等地汇集后，再转运到长安。

"羽翮"，是翠鸟的羽毛，可以用来做装饰品。据史书记载，交趾曾盛产孔雀。而"翡翠"在文献中被归类为"羽族部"，说明"翡翠"在当时指的是一种鸟，并不是现在说的玉石。

"齿""象齿"指的应该是象牙。"犀"就是犀牛，"革"和"犀角"应该指的是犀牛的皮革和角，在赵佗进献给汉文帝的礼物中就有犀角。除了交州地区，犀和象还产自东南亚和南亚。《汉书·地理志》中，就记载了今印度东南部的黄支国向汉进献犀牛。1975年西安薄太后南陵出土的犀牛骨骼，经鉴定，为爪哇岛的独角犀。由此可见，当时的海外贸易已经具备一定规模。

"珠玑""瑇瑁"是产自海里的珠宝。"珠玑"产自合浦，是蛤蚌体内的钙质结晶物，我们所认识的珍珠就包括在内。根据史书记载，在西汉早中期，合浦就兴起采珠业。当时，汉朝的达官显贵特别喜欢珍珠，而珍珠只能通过海路贸易输入。西方珍珠又大又亮，有的直径接近1.5厘米。从南越王墓出土的珍珠最大直径为1.1厘米，由此可见这些珍珠从海外输入的可能性比较大。"瑇瑁"其实就是我们常说的玳瑁。玳瑁生在海洋深处，背甲上有黑白斑纹，可以用来制作精美的装饰品。汉代著名诗篇《孔雀东南飞》里就有"足下蹑丝履，头上玳瑁光"的诗句。

至于"果布"，应该是龙脑香。在汉代，苏门答腊、马来半岛、婆罗洲（今加里曼丹岛）等地都盛产龙脑香，辗转传到中国来。

虽然羽翮、翡翠、珠玑、玳瑁等难以存留，但有关南越海外贸易的考古资料我们还是能发现不少，如镂空铜熏炉、象牙、琥珀珠，还有南越王墓出土的乳香、圆形银盒和金花泡饰等。这些器物在当时的中原地区较为罕见，应是海外直接或者间接贸易的产物。譬如，南越王墓出土的5根大象牙，牙体粗壮，长度都在120厘米以上。经鉴别，与纤细型的亚洲象象牙有明显区别，应该是非洲象象牙。在广州其他南越国时期墓葬中发现有陶象牙、陶犀角陪葬，犀牛产自东南亚、印度和非洲，史书有记载南越王赵佗向汉文帝进献过犀牛角，说明当时已有象牙和犀角由海路输入。

广州汉墓和贵港汉墓都有琥珀雕饰和串珠出土。世界上主要的琥珀产地有缅甸和波罗的海。据文献记载，汉永昌郡的哀牢夷也有琥珀出产，永昌郡辖今云南西部、缅甸克钦邦和掸邦的东部，哀牢夷所产的琥珀应为缅甸琥珀。云南石寨山和李家山两处汉墓群都不见有琥珀出土，故南越国琥珀串饰的出现应与海路贸易有关。

出土于南越王墓主棺椁的足箱中的银盒，其造型、工艺与中国传统器具的风格迥异，但和西亚波斯帝国时期的金银器类似，加上其盖与身饰以互间排列、锤鍱而成的凸瓣纹（锤鍱压制金银器的金工传统起源于波斯文化），可以断定其应来自波斯，为海路贸易的舶来品。

南越王墓还出土了32枚金花泡饰，系珠襦上的饰物，呈半球形，泡面用金丝和小金珠焊接出9组排列对称的立体纹饰。其焊珠工艺极为高超，与我国传统的金银钿工不同，而与西方出土的多面金珠上的小珠焊法相同。由此可见，这批金花泡饰也应来自域外。此外，在广州南越王

银盒

金花泡饰

铜熏炉

南越王墓出土的与海路贸易相关的文物

墓及其他地区的南越国墓葬中，有为数不少的铜熏炉、陶熏炉出土，铜熏炉的炉腹内还常有灰烬或炭粒状香料残存。这些熏炉只有在南越国及毗邻的长沙国等地墓葬中出土，而香料主产于东南亚地区，足见南越国与海外地区有着较为密切的贸易往来。

再来说说海上交通工具和路线。

前面提到的那些域外的物产，多产自东南亚和南亚一带，其传入路线应主要通过海路。

越人"习于水斗，便于用舟"，与东南亚、南亚诸国的交往由来已久。据说，至晚到新石器时代，就有人"循西路南下，进入中南半岛、马来半岛及南亚诸国"。不晚于铁器时代起，南中国海就一直是世界上最为繁忙的跨区域商贸区之一。

先秦时期，岭南越人已经掌握了一定的造船技术和航海技能。据《淮南子·原道训》记载，在九嶷山以南，陆地上的活儿少，水路上的活儿多，于是民众剪发文身，模仿鱼龙形象。他们只围着短裙，不穿长裤，以便于涉水游渡；身穿短袖衫，或者卷起袖子，是为了方便撑船。这些文字反映出古越族人非常擅长驾舟出海。在罗泊湾一号汉墓出土的战国至西汉时期的铜鼓，铜鼓上刻有较多羽人划船纹，其中既有体积较小、首尾不分的独木舟，也有平底的小船。而在1975年发掘的广州秦汉造船工场遗址，证实了秦汉之际的番禺已经拥有相当强的造船能力。由船台现存的宽度推算，1号、2号船台可以建造出船身宽5～8米、载重20～30吨的大型木船。这种平底木船的优点是吃水浅，适合在内河和沿海岸航行。

广州西汉墓出土的木船模型种类更多，有适合在浅窄河涌划行的货艇，有供交通用的渡船，还有行驶于江河湖泊上的航船。1986年在广州的南越国时期木椁墓出土了一艘彩绘木船模型，船上前舱有12名木佣，高6～7厘米，分列两行，为划桨的水手，后部是两层木楼。此船模出土时已散，未能还原，但可以肯定其是一艘楼船。

鼓胸、鼓腰纹饰展开图

羽人划船纹铜鼓（罗泊湾一号汉墓）

通过对南越国时期及其以后汉墓出土的木船模型的观察，可以了解到当时船舶设备的情况，如推进器有楫、桨、橹等，还有舵、爪锚等，从造船工场遗址及广州南越国时期木椁墓出土的船模来看，南越国的造船技术应该是比较先进的。有了船，加上越人习水性，又掌握海洋季风的变化，懂得利用星辰来辨别方向，南越国完全可以进行近海航行的贸易活动。

汉代的船只不大，难以抵御巨大的风浪，一般是沿岸航行，因此在三国时期开辟跨海离岸的航线之前，从番禺出发，北部湾畔的合浦应是其必经之路。

综上所述，南越国在特定的历史条件下，承袭秦并仿照秦汉有关制度，保证了岭南地区社会秩序的稳定，使岭南免受战乱之苦；同时，实行一系列有利于当地发展的政策和措施，对岭南地区的经济、文化及民族团结融合起到了积极的推动作用。岭南越人不断探索海洋，积累了丰富的海上交通经验，而且从与域外国家的海路贸易中，对双方物产和文化有了一定的了解。考古发现，这条南海交通航线很可能在南越国时就已经开辟了，如果没有南越国奠定的基础，是不可能出现汉武帝以来的南海交通盛况的。

汉代海上丝绸之路沿线的考古发现

汉武帝平定南越国后，正式开辟了由官方主导、民间参与的远洋贸易航线。自此，由北部湾地区出发，以丝绸贸易为象征，行经东南亚、南亚地区的对外贸易和文化交流迅速兴起。

海上丝绸之路的正式开通

我国古代的海外交通线路有两条，一条是东洋航路，另一条是南洋航路。东洋航路上，有秦始皇时期徐福东渡入海求仙人和神药的传说，有秦末齐人为了躲避沉重的劳役而大批渡海去到"韩国"（朝鲜半岛古部族名）的故事，还有西汉时期汉武帝派遣楼船将军攻打朝鲜的记载，而《汉书》和《后汉书》中也有多处关于"倭"的记述，这些都说明了中国与朝鲜半岛、日本列岛之间的交往由来已久。

汉武帝即位后，积极开拓中亚商路，也就是人们通常所称的"陆上丝绸之路"。那时常有动乱发生，安息商人为了牟取暴利，故意垄断商路。即使张骞出使，也难以改变这种局面。于是，汉武帝采纳了张骞通过蜀道先与印度接触，再从印度出发直达中亚的建议。只可惜，因为这条通道要通过民族地区，且沿途多原始森林、深山峡谷，大都是崎岖山路、栈道索桥，稍有骚扰，商路便会被阻断，所以张骞生前并未能见到此道打通。

一直到元鼎六年（公元前111年），汉武帝平定南越国后，才开通一条从北部湾畔的合浦郡出发，与西方往来的海洋通道。于是，北部湾地区一跃成为汉朝对外开放的桥头堡，合浦港便成为这一航线的始发港。

汉武帝开通的这条南洋航路，就是人们所称的汉代海上丝绸之路。它有五个特征：一是线路相对固定；二是官方主导，民间参与；三是主要进行商贸活动；四是伴随着国家之间的朝贡和外交活动；五是和平之路，不使用战争、掠夺等手段。

当然，海上丝绸之路的畅通离不开各国的官方保障，这决定了它是政府行为。汉武帝开通的这条从北部湾出发的远洋贸易航线，对日后中外交往产生了深远影响。由此可见，合浦郡的徐闻、合浦两港，无疑是海上丝绸之路最早的始发港。

沿线考古发现和航线复原

对《汉书·地理志》的解读，学术界历来有争议，最大的争议是沿线国家或港口现今的地理位置。书中提到的港口和古国有徐闻、合浦、日南、都元、邑卢没、谌离、夫甘都卢、黄支、已程不和皮宗。因为这些港口与后代航线发展有密切关系，所以要从考古发现的角度出发，结合前人的研究，对它们现今的地理位置有一个初步的认识。

【徐闻】徐闻是合浦郡的一个县。它没有内河与内陆相通，功能主要是作为沿海航线的补给港。但这里货物的集散能力很有限，因而港口的规模不大，遗存也不多，考古发现也证明了这一点。如1973年冬至1974年春，广东省博物馆在琼州海峡发掘了51座东汉墓，由此认为汉代徐闻城即在七旺村一带。墓中出土了珠饰308颗，包括琥珀、玛瑙、水晶、玉石和檀香珠等，多与海路贸易相关。但是七旺村一带没有更早的遗存被发现，无法证明其与西汉徐闻港有关联。

【合浦】合浦是两广进入交州的枢纽，从中原入交州，不管是陆路还是海路，大都以合浦为中转站，这让它成为汉文化输出的前沿地带。与徐闻港相比，合浦港具有徐闻港无法比拟的优势。它接受外来商品和文化元素，并生产出融合当地文化特征的产品，在海上丝绸之路沿线，或者内陆地区流通和传播，推动了整个文化的发展进程，成为汉代海上丝绸之路最繁荣的始发港之一。截至2013年底，合浦发掘的墓葬数量已超过1200座（以汉墓居多），出土文物丰富，不少与海路贸易有关，其

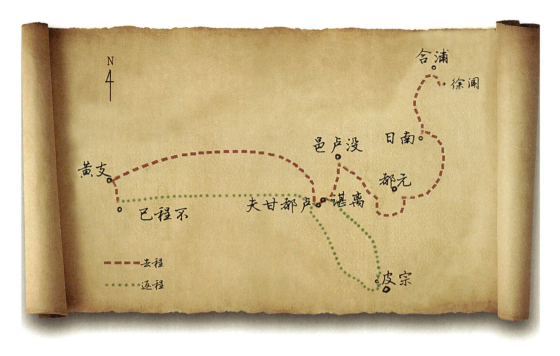

汉代海上丝绸之路示意图

中包括我国目前发现的汉代分布最集中、数量最多、种类最齐全的各类珠饰。2002 年以后，广西文物工作队（现广西文物保护与考古研究所）在合浦的工作重心从墓葬逐渐向城址转移，陆续开展了大浪古城和草鞋村遗址的勘探和发掘。研究表明，这两处应是两汉时期合浦港的先后所在地。

【日南】日南是汉代位置最南的郡，主要管辖今越南中部。考古发现秋盆河谷应是日南的行政中心和港口所在地。秋盆河谷主要有两个遗址群：一个是会安遗址群。其中的莱宜墓地出土的 10000 多颗珠饰中，仅肉红石髓珠就有 1000 多颗。这些肉红石髓狮形珠多与合浦风门岭墓地出土的相似，说明两地之间有密切关系。另一个是 Mau Hoa 遗址群。

其中的 Go Ma Voi 墓地出土了大量的陶器和青铜器。

【**都元**】都元是汉代海上丝绸之路经过的第一个国家。最新的发掘和研究成果指出，都元国的位置应在与越南交界的柬埔寨湄公河下游一带。2008—2011 年，考古学家在距吴哥博垒村遗址不远处的波萝勉省波赫村发掘出大量遗物，其中有 33 面铜鼓和约 3000 颗玻璃珠，还有石榴子石、肉红石髓、玛瑙串珠。

有人认为在扶南国建都吴哥博垒之前，当地已显示出复杂的社会组织，扶南国可能就是《汉书》中提到的"都元国"。扶南国时期挖掘的运河有很大功劳，不但沟通了湄公河下游原都元国的内河地区，而且可以绕过金瓯角，使南海与暹罗湾之间的航行更为安全和便利。

【**邑卢没**】对邑卢没的故地，人们有不同的看法，有的认为在缅甸伊洛瓦底江口至莫塔马湾沿岸一带，有的认为在缅甸的勃生、勃固至萨尔温江下游，有的认为在孟邦的直通及其附近，还有的认为在泰国的曼谷湾附近的华富里和叻丕。

到底哪一个才是正确的？经过三次考古发掘，在班东塔碧遗址发现 50 多颗蚀刻石髓珠与 1 件雕刻成跳跃狮子形的玛瑙垂饰，这种样式几乎可以确定起源于印度；还发现软玉双头兽饰，这是越南中部海岸地区沙莹文化所独有的工艺品，说明该地区在东南亚贸易中扮演了重要角色；还发现了附着在铜器上的一些麻、棉或丝织品残留痕迹；出土的青铜手镯和响铃等，则有力地证实了该地区与中国的交往。而班东塔碧遗址位于泰国中西部地区，可见邑卢没的故地应该在那里。

【**谌离与夫甘都卢**】谌离和夫甘都卢很可能位于克拉地峡的两侧。在这里发现了众多的遗址，其中的三乔山遗址出土了西汉铜镜和印纹陶器、印章，还有印度风格的轮制陶器，出土的珠饰原料包括高品质石髓、玛瑙、水晶和比较罕见的石榴子石等。邦罗村遗址则发现了陶器和其他汉式的中国器物，还有大量的玻璃珠和宝石珠。毫无疑问，克拉地峡在汉代是一条重要的贸易通道。

【黄支】黄支通常被认为在印度东南部泰米纳德邦的康契普腊姆，其南面约 100 千米处有著名的阿里卡梅杜遗址。阿里卡梅杜是当时的贸易大港，绝大多数学者认为它就是著名的波杜克港口。1996 年，贝格利发文称阿里卡梅杜海路贸易的黄金时期是从公元前 1 世纪中期至公元 1 世纪中期。

阿里卡梅杜遗址分为北区和南区两部分。南区出现最多的建筑形态是用砖块垒砌而成的围墙，这些围墙可能是贮水池，且具有商业用途，如存储工业或农业产品。卡赛尔还发现一些小型的作坊沿着贮水池北墙分布，里面出土了金属器及玻璃、半宝石、象牙、贝壳等装饰品。南区最重要的发现是陶器，表明南区曾存在居住区、工业区和市场。北区一直以来都被视为港口设施所在地。英国考古学家莫蒂默·惠勒在北区发现了砖砌的围墙，可能是仓库遗址。他还发现了残存的木材、绳子和其他材料，因此认为早期的港口设施是木结构。

【已程不】已程不的故地在今斯里兰卡，当时主要的港口在曼泰一带。最引人关注的是曼泰的战略位置，它不但占据着近东与远东之间主要的航海通道，还是印度南部与斯里兰卡之间的一个主要接触点。曼泰这个港口在历史长河中扮演了至关重要的角色，就海路贸易而言，它的地位独一无二。

出土器物能够强有力地证明曼泰曾从事国际贸易，也证明了东西方之间曾经有过交流。曼泰遗址以东是马纳尔湾著名的珍珠海岸，珍珠是当地主要的出口商品。资料显示，曼泰生产印度－太平洋珠持续了 1000 多年，这种珠子在全世界范围内分布广泛，西至东非，东至朝鲜，也是出口到汉朝的主要器物。从曼泰遗址中发现的中国陶瓷器，年代则多晚至唐代。其中，白瓷和越窑瓷器较为常见，但最典型的还是长沙窑烧制的釉陶侈口壶。这种壶很美观，装饰有模印浮雕贴片，贴片上有葡萄串、鸟类、狮子和其他动物，还有头戴塌软帽子的西亚胡人等各种形象。

【皮宗】从考古资料来看，皮宗故地很可能在马来西亚的柔佛及新加坡一带。在柔佛河上游和中游一带，分布着许多出土中国陶瓷片的古代遗址，其中最出名的为哥打丁宜遗址，为柔佛王国的都城旧址。这里出土过唐宋明瓷片，还有印纹陶片。其中的划纹硬陶普遍发现于我国的东南沿海和华南地区，使用年代跨度很大，最早可以追溯到海上丝绸之路开通的汉武帝时期，应是通过贸易从我国东南沿海地区输入的。

上述东南亚和南亚的各种遗存，尽管还不足以全面复原这些古国的形态和社会经济发展状况，但通过对考古资料的梳理和初步研究，仍可以框定海上丝绸之路所经古国的大致位置。只要把航线上一些关键节点连接起来，就可以勾勒出汉代海上丝绸之路的路线示意图。

最后要强调的一点是，这是汉使团航行经过的完整路线，而官方路线之外的番禺和交趾也是汉朝重要的港口和商品集散地，从文献记载和两地出土的众多舶来品来看，番禺和交趾当时可谓商贾云集、域外物产荟萃，在海上丝绸之路贸易港中占据极其重要的地位。

合浦汉墓出土的海丝文物

据《汉书》记载，我国贸易输出的产品主要是黄金和各类丝织品。汉元狩四年（公元前119年），张骞率领300人再次出使西域时就带了很多金币和丝织品。而输入的物品，从合浦汉墓出土的文物来看，主要包括珍珠、玻璃珠及石榴子石、水晶、琥珀、玛瑙、肉红石髓、绿松石、黄金等珠饰。

双方贸易的物品中，丝织品和珍珠属于有机物，因为比较容易腐朽，所以没有实物遗留，但其余种类在合浦均有发现，主要出自合浦大中型墓葬，年代从西汉中期至东汉晚期。在古代，只有权贵阶层如官员和殷实商贾等的墓葬，才有这样的陪葬品。

金饼

1971 年发掘合浦望牛岭 1 号墓，出土 2 枚金饼：一枚重 249 克，直径 6.3 厘米，刻有一 "大"字，"大"字下方还有"太史"二字；另一枚重 247 克，直径 6.5 厘米，刻有一"阮"字，"阮"字上方还有一"位"字。这类金饼很可能就是记载中的"黄金"。在贸易中，金饼发挥着重要的作用，它不但方便远程携带，还可以用作交易的货币。在这一时期，印度与希腊之间的贸易就广泛使用黄金。

"阮""大"铭金饼
（望牛岭 1 号墓）

合浦望牛岭汉墓发掘后现状

汉朝的黄金储备丰富。新莽时期，国家库存黄金高达"七十万斤"（折合今 17.5 万千克），是封建社会中央政府黄金储量的顶峰，实力与当时的罗马帝国相当。汉代盛行使用黄金，据《史记》和《汉书》记载，光是帝王用于赏赐和馈赠的黄金，动辄数万斤，少的也有数百斤、数十斤，所以赏赐汉使团，用于海路贸易的黄金，数量一定也比较充足。但在海上丝绸之路沿线国家，迄今还没有金饼出土的报告。这种情况，除与考古本身的局限有关外，还可能跟东南亚、南亚国家盛行黄金珠饰有关。这些金饼，可能发现后被回炉重熔，制成了各种各样精美的装饰品。

玻璃器

据统计，约有 100 座合浦汉墓出土了玻璃器。这些玻璃器可分为装饰品和器皿两类。装饰品主要为串珠，单座墓葬出土的串珠往往就有数百到数千颗，还有棱柱形饰、耳珰、环、璧、剑扣等；器皿类较少，仅见杯、碗和盘三种。

经考古学研究和科技分析，除我国传统的铅钡玻璃和高铅玻璃外，还有三个体系来自域外：一是产自东南亚的低铝和中等钙铝钾玻璃，二是产自南亚的中等钙铝钾玻璃，三是产自地中海地区的钠钙玻璃。如文昌塔 1 号墓出土的角轮形玻璃环和黄泥岗 1 号墓出土的湖蓝色玻璃杯是东南亚输入的器物；文昌塔 70 号墓出土的淡青色玻璃杯和风门岭 26 号墓出土的六棱柱玻璃串饰是来自印度的器物；寮尾 17 号墓出土的玻璃串珠和文昌塔汉墓出土的玻璃碗，则应是从地中海地区辗转输入的。

角轮形玻璃环
（文昌塔 1 号墓）

湖蓝色玻璃杯
（黄泥岗 1 号墓）

淡青色玻璃杯
（文昌塔 70 号墓）

六棱柱玻璃串饰
（风门岭 26 号墓）

钠钙玻璃串珠
（寮尾 17 号墓）

玻璃碗
（文昌塔汉墓）

合浦汉墓出土的域外输入玻璃器

奇石异物

【石榴子石珠饰】合浦出土石榴子石珠饰的汉墓共有 10 座。这些石榴子石珠饰为紫红色，形状各异，有圆形、扁圆形、双锥形、多面榄形、系领形（氮肥厂 1 号墓出土）、狮形等；尺寸不大，一般为 1 厘米左右。

汉代及更早时期，印度、斯里兰卡就已经是石榴子石加工的重要地区了。经检测，合浦出土的石榴子石珠饰属铁铝榴石系列，与印度等地出土的相同。

石榴子石系领形珠饰（氮肥厂 1 号墓）

【肉红石髓、玛瑙和蚀刻石髓珠饰】这三种珠饰属于玉髓类矿物，在合浦汉墓的出土数量较多。

肉红石髓串饰有很多种形状，有榄形、圆形、扁圆形、双锥形、系领形、瓜形、葫芦形等，还有摩羯形、狮形（风门岭 26 号墓出土）、鸽形、虎形和鹅形等动物形状。堂排 2 号墓出土的鹅形（5 枚）、狮形（6 枚）串饰（堂排 2 号墓出土），用圆雕技法简练地表现动物的各个部位，形态生动。

肉红石髓狮形串饰
（凤门岭 26 号墓）

肉红石髓鹅形、狮形串饰
（堂排 2 号墓）

　　玛瑙珠饰有串饰、戒指、扁圆坠、剑扣等，纹理自然流畅，散发着玻璃和油质光泽。如红岭头 3 号墓出土的玛瑙串饰。

　　蚀刻石髓珠饰在合浦汉墓出土很少，主要是在原色上蚀刻白色条纹。如文昌塔生资仓 1 号墓出土的蚀刻石髓扁平系领形珠饰。

　　高质量的肉红石髓、玛瑙和蚀刻石髓珠饰是铁器时代东南亚和南亚贸易的代表性器物之一。合浦出土的珠饰，应多是从印度或东南亚输入的。

玛瑙串饰
（红岭头 3 号墓）

蚀刻石髓扁平系领形珠饰
（文昌塔生资仓 1 号墓）

【**水晶珠饰**】在合浦发现了不同颜色的水晶，有白水晶、烟晶、紫晶、黄晶，其中纯净而透明的白水晶最多，形状有管形、圆形、扁圆形、六方形、蝉形、系领形和多面体形等。如望牛岭 1 号墓出土的六棱柱形水晶，黄泥岗 1 号墓出土的紫水晶串饰。

六棱柱形水晶
（望牛岭 1 号墓）

紫水晶串饰
（黄泥岗 1 号墓）

【**绿柱石珠饰**】古罗马时期，人们对绿柱石珠饰的需求很大，普林尼在撰写于 1 世纪的《自然史》中记述，最好的绿柱石绝大多数来自印度。斯里兰卡的绿柱石资源很丰富，也是传统的宝石加工区。合浦黄泥岗 1 号墓出土的混合串饰里有绿柱石珠，应来自南亚地区。

水晶、玉髓、绿柱石混合串饰
（黄泥岗 1 号墓）

【琥珀珠饰】合浦约有 40 座汉墓出土了琥珀珠饰，有扁圆形、半圆形、瓜棱形、狮形、龟形、圆形和不规则形等，如北插江盐堆 1 号墓出土的琥珀串饰。这些琥珀质地致密，里面有一些丝状碎裂纹，出土后氧化颜色变黑，与缅甸出产的琥珀最为接近。

琥珀珠饰（北插江盐堆 1 号墓）

【金饰】金饰是海上丝绸之路必不可少的贸易品，合浦汉墓出土的金器可以证实这一点。出土的金器种类丰富，有带钩、戒指、珠饰及用于镶嵌的焊珠金箔等，形状多样，其中五期岭 3 号墓出土的金串饰就包括十二面形和棒槌形、扁圆形、双锥形。十二面金珠在汉代的

金串饰（五期岭 3 号墓）

京畿地区尚无发现，在中国境内的陆上丝绸之路沿线也没有发现，只出现在南方及东部沿海地区，所以，就其传入路线而言，最大的可能性是海路。

【**绿松石饰件**】合浦汉墓出土的绿松石饰件都是动物饰件，有绵羊形（北插江盐堆 1 号墓出土）和鸽形的。一般的绿松石，湖北郧县（今十堰市郧阳区）一带也有出产，但漂亮的纯碧绿的高级绿松石，产地主要在葱岭西的乌兹别克斯坦撒马尔罕附近、阿富汗和伊朗东北部。结合玻璃器等伴出物来看，这些绿松石饰件从波斯等地经海路辗转输入的可能性很大。

绿松石绵羊形饰件
（北插江盐堆 1 号墓）

【**香料**】据不完全统计，合浦汉墓出土熏炉 54 件，其中陶质 33 件、铜质 21 件。风门岭 24B 号墓的陶熏炉，出土时里边有炭条。孙机在《汉代物质文化图说》中认为，汉代南方的熏香习俗比北方更盛，中原地区熏炉的出现也相对晚一些，这说明熏香的风气是自南往北逐步推广的，而高级香料最先是从南海输入我国的。

陶熏炉及炭化香料（风门岭 24B 号墓）

非贸易品

寮尾 13B 号墓出土的波斯陶壶和铜钹应该是被随身携带进入中国的，应属于非贸易品。青绿釉陶壶属低温釉陶，是典型的帕提亚时期的器物，在大英博物馆和罗浮宫等有收藏，印度、泰国同时期的港口遗址也发现了较多残片。合浦出土件为目前为止我国出土的唯一一件，弥足珍贵。铜钹是一种乐器，是单片形式。钹起源于西亚，早先在埃及、叙利亚出现，后在波斯、罗马等地流传；而在东方，则先见于印度，后见于中亚。合浦出土的这件铜钹，根据纹饰、砷铜成分等强烈的中亚文化色彩，很可能是与波斯陶壶一并通过海路输入的。

波斯陶壶与铜钹（寮尾 13B 号墓）

外来文化因素的植入

汉代海上丝绸之路不仅是商品贸易之路，而且是文化交流和传播之路。一些域外的文化因素，经过模仿改造，由此植入本土文化中。这一点在合浦汉墓及其出土文物中有较充分的体现。

【胡人俑的艺术创作母题】"胡人"通常是指面部特征为"深目高鼻、络腮胡须"的人种。学术界认为胡人来自北方、西域和东南亚等地，因而各地出土的汉代胡人俑，其服饰、帽饰和容貌也会有所不同。

合浦西汉晚期堂排1号墓出土的胡人俑虽有残缺，但造型和主要特征尚可辨识。俑头戴圆顶小帽，身着对襟小领长袍，竖眉小眼，深目高鼻，脸部较圆，络腮胡须。观察其外貌，似乎是一个舞俑，怀中所抱好像是一个弓形竖琴。东汉晚期寮尾13B号墓出土的俑座灯，俑座亦为胡人形象。

合浦出现的胡人俑，在一定程度上说明，随着中西海路贸易的扩大，与域外人种交流接触的增多，当时的人常常见到胡人，对他们的体质特征和文化特征比较了解，故而才把胡人作为艺术创作的母题。

胡人俑（堂排1号墓）

俑座灯（寮尾13B号墓）

【羽人铜座灯与羽人形象】

羽人铜座灯出自九只岭 6A 号墓，年代属东汉晚期。灯通高 35.4 厘米，分灯盘、灯柱和灯座三段。灯盘是行灯的形状，盘为圆形、直壁、平底，附三直足和柳叶形把。中段灯柱下为羽人，短脸，浓眉大眼，高鼻大耳，络腮胡须。羽人胯前两侧刻有圆圈，双手覆压，似把持乐器；双翼紧贴在背后，略为凸出。灯座上部为圆形龙首状，龙嘴衔着的小圆柱插进灯盘下面的套管，使灯盘自如转动；底座还铸有龙、虎、熊等瑞兽。

羽人是汉代艺术中常见的形象，造型最常见的为人首人身、肩背出翼、腿部生羽。这件铜座灯虽属此类造型，但又有明显区别，如双翼紧贴背后、双耳不高于头顶、双手似持有乐器，显示出与西方文化因素的密切关联性。

正面

背面

羽人铜座灯（九只岭 6A 号墓）

【钵生莲花器与佛教传入】合浦共出土 14 件钵生莲花器，大多出自三国墓。此器物自上而下由莲花、钵和座足三部分构成。风门岭 1 号墓和公务员小区 8A 号墓所出土的钵生莲花器虽仅作蕾状，但已能判断为莲花造型。

钵生莲花器与佛教传入关系密切。在南方，考古发现的佛教遗物越来越多，合浦墓葬出土的这批陶钵生莲花器，直观地反映出佛教已在合浦地区，特别是在中上阶层扎根，并逐渐盛行。广西贵港出土的铜镜上的黄道十二宫巨蟹和宝瓶图像，也是佛教从海路传入中国南方的重要证据。

风门岭 1 号墓出土

公务员小区 8A 号墓出土

合浦汉墓出土的钵生莲花器

【**叠涩穹窿顶的源流**】叠涩穹窿顶是东汉晚期至三国时期合浦地区盛行的一种墓葬形制，特点是下方上圆，在底部正方形的四角出挑数皮（皮，指层，为描述砖的层数的专业术语）砖，形成弧面，再以砖层层出挑的方式成顶。叠涩穹窿顶主要见于岭南的广州、佛山、合浦、贵港

等地，以及越南的墓葬。合浦发现的叠涩穹窿顶汉墓较多，在统计的 110 座东汉晚期墓中，就有 20 座叠涩穹窿顶，如四方岭 36 号墓的顶呈隆圆形。

叠涩穹窿顶（四方岭 36 号墓）

汉代海上丝绸之路的辐射与延伸

合浦是汉朝对外交往的主要窗口和水路交通枢纽，汉代海上丝绸之路以此为节点，向内陆及东南沿海延伸和辐射。海路贸易、沿海贸易和内陆贸易的网络交织在一起，奠定了合浦在汉代中西交往中的重要地位。

从北部湾往广西内陆的辐射

向北的内河沿线，特别是在相邻的郁林郡和苍梧郡治所布山和广信，即今贵港市和梧州市一带，考古发现了众多与海上丝绸之路相关的文物。这两处内河港口位于西江沿岸，水路交通发达，是合浦港向内陆推进和辐射的重点地盘，王元林教授甚至称广信是"秦汉时期陆海丝绸之路最早对接点之一"。

先来说说贵港。合浦汉墓出土的玻璃杯和玻璃珠、肉红石髓珠、玛瑙珠、白水晶珠、绿柱石珠、十二面金珠、戒指等饰件，在贵港马鞍岭、梁君垌、深钉岭等地也都有发现。但有些贵港出土的器物，在合浦却未见出土，如1956年贵县采集的金耳坠，1957年贵县南斗村8号墓出土的淡青色玻璃承盘高足杯，1988年以前贵县糖货栈4号墓出土的玛瑙戒指、贵县高中12号墓出土的蚀刻石髓珠、贵县铁路新村3号墓出土的金耳铛，1992年贵港铁路卫生所汉墓出土的马赛克玻璃薄片珠饰，1955年贵县高中14号墓、1982年贵县铁路新村3号墓出土的胡人俑座灯，等等。

贵县高中14号墓出土

贵县铁路新村3号墓出土
胡人俑座灯

金耳坠

（贵县采集）

淡青色玻璃承盘高足杯

（贵县南斗村 8 号墓）

玛瑙戒指

（贵县糖货栈 4 号墓）

蚀刻石髓珠

（贵县高中 12 号墓）

金耳铛

（贵县铁路新村 3 号墓）

马赛克玻璃薄片珠饰

（贵港铁路卫生所汉墓）

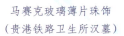

贵港出土的舶来器物

　　除贵港外，在缅甸、泰国和菲律宾的不少遗址中，均有外形基本相同或相似的足球形蚀花珠被发现，尤其是泰国三乔山遗址发现的，与贵港所出土的如出一辙。公元前2000年左右，马赛克珠在美索不达米亚、埃及等地就出现了，主要用于器物的局部装饰。亚洲的印度北部、泰国三乔山遗址及我国的新疆地区都有发现马赛克珠，但它们的外形与贵港所出土的薄片形略有不同。贵港出土的马赛克玻璃薄片珠采用锑酸铅着色，具有低镁、低钾的特点，与印度钠钙铅玻璃珠伴有较高的锡不同，而与东地中海地区或西亚所出土的更为接近，所以贵港马赛克玻璃薄片珠应来自这些地区。

贵县鱼种场1号墓出土

泰国三乔山遗址出土

足球形蚀花珠

贵港梁君垌14号墓还出土了一艘陶船，长64.8厘米，中宽19.4厘米，通高23.9厘米。船内分前、中、后三舱，船上有俑15个。这是一艘大型的内河航船，结构复杂，显示了当时高水平的造船工艺和发达的内河航运体系。

陶船（梁君垌14号墓）

再来说说梧州。在梧州发现珠饰的种类和数量比贵港发现的少了许多。1958年以来，在梧州市区周围共发掘墓葬300多座，出土文物6000多件。梧州市博物馆藏品中的珠饰数量也不少，如1958年梧州市郊低山2号墓出土了1串共18颗的水晶、绿柱石混合串饰和1串共70颗的石榴子石、紫水晶、玛瑙混合串饰，1960年梧州市郊汉墓出土了6颗琥珀串珠，1972年花生坪汉墓出土了1颗六方体白水晶珠，1978年梧州市船机厂汉墓出土了410颗深蓝色、青色玻璃串珠，等等。与贵港出土物相似的胡人俑座灯，在梧州也有出土。

沿湘江一路的汉墓也有相关器物出土，如1983—1984年的兴安石马坪汉墓出土玻璃珠约200颗，还有玛瑙珠、水晶珠和珍珠等；兴安界首6号墓出土少量玻璃串珠；平乐银山岭124号墓出土圆形水晶珠1颗，134号墓出土浅蓝色玻璃耳珰1件。沿零陵峤道一路，汉墓也比较集中，如贺县（今贺州市）河东高寨西汉晚期墓出土玛瑙珠52颗、玻璃珠22颗。

此外，海上丝绸之路对广西地区的影响，还有玻璃制作技术和冶铁技术的传播。贵港出土的玻璃杯、盘、耳珰及一些特殊形状的珠饰等，与合浦出土的有明显区别，暗示着贵港可能是另一个玻璃生产中心。迄今为止，我国发现的遗存最丰富、年代较早的汉代块炼铁冶炼遗址群有两处，一处在平南县六陈镇，一处在桂平市罗秀镇。在这两处遗址群发现了碗式炉、鼓风管、铁块及大量的炉渣等遗物。考古证据表明，至晚于公元前13世纪，"碗式"炼炉及冶炼技术已出现在西亚地区，后逐渐传播到南亚和东南亚，在斯里兰卡、印度、泰国等都有类似的冶铁遗址发现。因此，平南六陈"碗式"炼炉的发现，可能暗示我国块炼铁冶炼技术的来源有南、北两个方向，其冶炼技术可能更多受南亚、东南亚"碗式"块炼铁冶炼技术的影响，是西亚"碗式"冶炼技术经过海洋扩散的结果。

贵港汽车站五号墓出土的琉璃杯

汉代海上丝绸之路向东南沿海的延伸

汉代海上丝绸之路向东南沿海延伸后产生了深远的影响，出土的文物证明了当时航线的繁荣。当时交州生产的钾玻璃随同其他输入的器物，主要向东南沿海一带传播。

沿我国东南沿海和东部沿海一带，扬州甘泉山 2 号墓出土的玻璃器残片，宁波鄞州区高线出土的东汉深蓝色玻璃串珠、深蓝色玻璃耳珰、红玛瑙耳珰等，都与广西发现的同类器物十分相似，如此一看，这条海上传播路线已经很清晰了。1996 年扬州市郊胡场西汉墓 14 号墓出土一串共由 28 颗串饰组成的项链，其中金壶形珠上饰连珠点饰并镶嵌宝石，工艺极为先进，具有古罗马金器风格。从扬州等地所处地理位置来看，应是沿海路输入的。此外，有证据显示，这一航线还延伸至朝鲜半岛和日本列岛，作为海上丝绸之路贸易网络节点的交州，当地生产的钾玻璃器也可能随着印度－太平洋贸易珠自西向东传到了东亚。

韩国最早的玻璃器出现在公元前 2 世纪左右，主要为一些绿色、蓝绿色的玻璃珠管和逗号形玻璃珠，属铅钡玻璃体系，其中很大一部分从中国直接输入。1—3 世纪，韩国开始出现印度－太平洋贸易珠，其中包括钾玻璃珠和钠钙玻璃珠。韩国 1—5 世纪不同成分体系玻璃器数量的不同，反映了其来源及海上丝绸之路贸易航线的变化：韩国出土的钾玻璃珠晚于东南亚和交州，应来源于海路贸易；1—2 世纪，交州（包括合浦在内）应是韩国低钙亚类钾玻璃珠的主要来源地；3—5 世纪，韩国的钠（钙）铝玻璃珠则主要来源于印度和东南亚。

日本早期玻璃制造技术的发展受中国的影响，从中国传入日本的玻璃珠主要为铅钡玻璃珠和钾玻璃珠。日本的钾玻璃珠主要出现在1—3世纪，分布在冲绳到北海道的南端，绝大多数为铜着色浅蓝色珠和钴着色深蓝色珠。4—5世纪，日本没有浅蓝色钾玻璃珠，只有浅蓝色钠钙玻璃珠和深蓝色钾玻璃珠、钠钙玻璃珠。日本发现的钾玻璃珠，从质地上看，与合浦风门岭等地发现的汉代多面体玻璃珠等相似，应为我国所产的钴着色钾玻璃珠经由交州传播到当地。

在韩国、日本发现的逗号形玻璃珠、玻璃细圆管等，在泰国和越南也有发现。泰国发现的玻璃细圆管端部有明显斜切割痕迹，而韩国和日本发现的有多件两端十分圆滑，显然是经过了一定的热加工处理，说明从公元前2世纪开始，印度可能向东南亚、东亚地区输出了一些拉制玻璃管。

玻璃细圆管应当是随着早期海上丝绸之路贸易从南亚传播到东南亚和东亚，而至少在两汉时期，合浦港是往东亚航线的必经之地。可见，在海上丝绸之路向东延伸的过程中，合浦港作为水陆交通枢纽，发挥了重要作用。

汉代海上丝绸之路的作用和历史意义

目前学术界认为丝绸之路主要有陆上丝绸之路、海上丝绸之路、西南丝绸之路和草原丝绸之路，各路线在汉代的对外贸易和中西文化交流中分别扮演着不同的角色。

陆上丝绸之路是西汉王朝官方开辟的一条"政治之路""外交之路"，目的是联合西域各国共同抗击匈奴，文化交流和商贸活动只不过是"副产品"。西南丝绸之路是一条以民间商贸活动为主的商贸之路，文化交流也只是"副产品"。草原丝绸之路在早期是一条"文化交流之路"，但陆上丝绸之路开通后就变成了一条"辅路"。海上丝绸之路主要是"商贸之路",兼有政府主导的个别"朝贡""外交"及"文化交流"。

汉代海上丝绸之路作为正史记载的第一条官方远洋航线,尽管规模有限,没有陆上丝绸之路那么繁荣,很难看见舟楫相连、商贾喧阗的场景,但若以历史的眼光审视,则可知其作用巨大,影响深远。

陆上丝绸之路、海上丝绸之路都是连接汉朝与罗马、东方与西方的主要通道。汉代海上丝绸之路止于南亚,只能与罗马进行间接贸易,而沿陆上丝绸之路与地中海地区的交往也大都以帕提亚商人为中介。想要抵达罗马,最后一段还是得走海路。而返程时,要通过海路先抵达北部湾的合浦等地,再辗转通往京畿地区。从这一意义上说,海上丝绸之路与陆上丝绸之路是殊途同归。

相较于陆上路线,海上航线更为经济和便利,因此罗马帝国与汉朝的官方直接沟通才选择了这条经由日南郡的海上航线。在 1 世纪末期至 2 世纪初期,中国人主要通过帕提亚商人了解罗马帝国;而在 2 世纪中叶之后,关于罗马帝国的新消息则是通过南印度和南海路传入中国。由此可见,海路交往并不完全是陆路的补充,至少到东汉时期,海路在国家对外关系中的重要性已日渐突显。

西南陆上丝绸之路与海上丝绸之路的关系也很密切。西南地区自古以来就积极地参与周边地区的政治、军事、经济等事务,加之人口集中、经济繁荣且盛产丝绸,于是便通过交趾,与合浦等沿海地区交往,甚至沿着海上丝绸之路航线继续南行,实现与东南亚、南亚国家的直接贸易,参与中西海路贸易。考古发现也表明,两条路的沿线地区交流密切。西南地区发现的许多珠饰,包括蚀花肉红石髓珠、琥珀珠、印度 – 太平洋珠等,在东南亚、南亚同期或更早些时期的遗址和墓葬中也有较多相同或类似的器物出土,应有相当部分是通过蜀交趾道输入的。

纵观汉代海上丝绸之路,其作为中国最早、最长的官方远洋贸易航线,不但在历史上发挥了巨大的作用,而且影响深远,泽及后世。而北部湾地区作为汉朝对外开放的市舶要冲，是当时大西南的重要出海通道，还与从长安、洛阳出发的陆上丝绸之路一道，共同构建起汉朝—北一南的对西交往格局。

汉代海上丝绸之路、陆上丝绸之路和西南丝绸之路，共同构成了汉代中西贸易交往的庞大网络，具有重要的作用和历史意义。

唐宋时期广西的海路贸易与文化交流

唐宋时期是海上丝绸之路发展的高峰。随着东洋航路、南洋航路的开辟和拓展，西太平洋与印度洋之间的远洋贸易空前繁荣，除传统的丝绸和黄金外，瓷器也成为畅销海外的重要产品。北部湾地区沿岸的运河码头、生产作坊、商贸集散地等重要遗存，都是海路贸易背景下文明交流与交融的特殊产物。

唐宋时期的海路贸易

自东吴以来，海上交通、贸易、文化交流等方面都超过了两汉时期水平，唐中期以后海上丝绸之路开始大发展。

陆路的衰落和海路的兴起

唐朝统一后，政治稳定，国力强大，社会经济高度发达。唐代前期，陆上丝绸之路联系了大唐和大食（阿拉伯帝国）当时世界上东西方两个最大的政治、经济、文化中心，迅速发展到鼎盛时期。但这个"黄金时代"好景不长，至唐代中期陆上丝绸之路便骤然衰落。

战争和国内动乱是衰落的主要原因。天宝十载（751年），唐与大食一战失败后，在西域的威德急降。后来，国内又爆发安史之乱，吐蕃乘机北上，侵占河西陇右。之后，回鹘南下控制了阿尔泰山一带。自此，唐朝失去了对西域的控制，陆上丝绸之路也因而陷入"道路梗绝，往来不通"的境地。

陆上丝绸之路存在诸多限制商贸发展的因素。陆上丝绸之路只能通达相邻的国家，想要远运，就得穿越一连串的国家和民族聚居地，某一国家和民族的变乱或垄断都会影响全线的畅通。陆上丝绸之路位于我国西北，远离丝绸、瓷器、茶叶等商品产区，加上沿线地区自然条件十分恶劣，且只能靠骆驼运输，装载量有限，成本高昂。而且，环太平洋各国中的很多国家，通过陆上丝绸之路是无法到达的。随着商品外运与日俱增，瓷器等较重且易损坏的商品，陆上运输难以承担。

反观海路，这些不利因素基本能克服。其一，我国海岸线绵长，有许多终年不冻的良港和海港城市，从这些港口出发，海路几乎能到达陆路所至各国，且能到达陆路所不及的诸多海岛和国家。海路也不像陆路那样易受到别国牵制，可以越过发生变乱或把控陆路节点的国家，自由通航。其二，唐代中期后，随着科技的发展，航海和造船技术提高，人们征服海洋的能力大大增强。我国当时的造船能力已居世界之最，造船工场遍布全国各地，东南沿海既是外销商品丝绸、瓷器、茶叶的生产基地，又是造船、航海最发达的地区。其三，商船的运载量也比骆驼大，运费低廉，安全可靠。因此，陆上丝绸之路已不能适应日益繁荣的商品经济和商品运输发展的需要，日渐凋敝。

陆上丝绸之路衰落后，朝廷转而重视和加强对海路贸易的管理，如设置市舶使管理对外贸易，征收市舶税，以增加国家财政收入，促进海路贸易的发展。宋南渡以后，经济重心南移，出口商品的供给地移至东南地区，更是促使商品贸易由陆上转向海上。

唐宋时期的海路贸易

随着海上丝绸之路新航道的开辟，唐宋时期东西方之间的贸易格局亦为之改变，东洋航路在与高丽、日本的贸易中取得了长足发展，成为与南洋航路并重的主要航线。

【东洋航路】东洋航路是古代海上丝绸之路的重要干线之一，呈网络状沟通了中国、朝鲜半岛、日本列岛，促进了东亚地区总体文明的进步。在新罗王国与唐朝长达 280 年的交往中，双方使节往返共计 161 次，绝大多数都是通过海路。宋代，从明州（今宁波）搭船，路途顺利的话不过五天就可以到达高丽。

早期中国与日本的海上航路走的也是这条航线。日本福冈地区出土的"汉委奴国王印"，明确反映了两汉时期中日之间的海上往来。日本遣隋使、遣唐使访华，更呈现了海上交通的规模化、密集化态势。日本第七次遣唐使后，开辟了从我国南方各海港城市如扬州、苏州和明州等启航，跨越东海到达日本的新航线。这条航线的开辟，大大缩短了航程，并且促进了日本与中国南方经济最发达的江浙一带进行友好的宗教传播和贸易往来。

贸易方面，唐代以官方朝贡贸易为主，新罗向中国输入麻布、人参、金银、毛皮和工艺品等，日本输入珍珠、绢、虎皮、玛瑙、水织衣等。丝织品、瓷器、茶叶、书籍、乐器等则是中国输出的主要商品。宋代，市舶贸易兴起，除官方朝贡贸易外，民间贸易也较为活跃。高丽向中国进贡金器、银器、铜器、螺钿器、青瓷、药材、纸墨、书籍等，中国回赠绢、绫、锦、缎等丝织品和礼服、乐器、祭器、茶、象牙、玳瑁、书籍等。日本向宋朝输出的货物以硫黄、木材居多，还有沙金、水银、折扇、屏风等，宋朝则向日本输出锦、绫、香药、瓷器、书籍、铜器、茶叶等。

文化交流方面，新罗和日本派遣留学生、僧侣到长安学习，唐朝的典章制度、诗词歌赋、天文历法、儒释道等文化也由此向朝鲜半岛和日本地区传播，节庆习俗、歌舞演艺、技艺百工、农耕水利等也相互影响和交流。宋代以后，中国不再具备唐代大一统王权政治文化高度发达的优势，对高丽、日本的影响力有所下降，但三国之间佛教和儒学的交流仍较密切。

贸易商品贩售流通的过程，往往伴随着技术的传播和交流。瓷器大量流入朝鲜半岛和日本后，对当地瓷器制造业的发展起到了积极的推动作用。如新罗模仿唐三彩，烧制成了"新罗三彩"；高丽受镶嵌漆器的影响，烧制了镶嵌青瓷；日本仿烧的瓷器，造型、釉色、纹饰等均与唐三彩较为相似，被称作"奈良三彩"；南宋时期加藤四郎将中国的制瓷技术带回日本，在尾张的濑户建窑专门烧造"濑户烧"。

【**南洋航路**】南洋航路是由中国与亚非各族人民共同开辟、经略的，进一步密切了东西方之间的贸易与文化交流。

唐贞元年间，已经开通了从广州经海南岛东部横跨南海的深海航线。航线从广州驶出珠江口，经越南沿海，越暹罗湾至海峡（今马六甲海峡），出峡后经婆国伽蓝洲（今印度至尼科巴群岛），抵达师子国（今斯里兰卡），然后分两道经印度西海岸北上或横渡阿拉伯海直抵波斯湾大食国。从波斯湾口顺着阿拉伯半岛前行可进入红海，折而南下可直达东非。中国商船从广州航行至波斯湾尽头的末罗国（今伊拉克巴士拉），仅需89天。

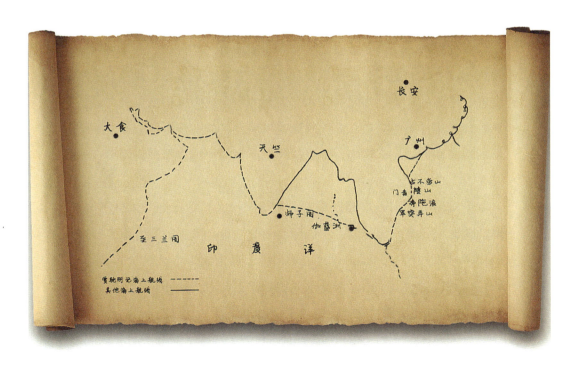

唐代南洋航路示意图

　　南海航线上既有官方的朝贡贸易，也有私商经营的民间贸易。唐开元年间在广州设立市舶使，管理南海诸国互市浮海进贡的"奇珠、玳瑁、异香、文犀"等。宋朝为更好地管理海外商人来华贸易及商人出海贸易等，先后在广州、泉州、明州、杭州、温州等九地设置市舶司或市舶务。这个时期，来中国朝贡的国家和地区主要有交趾、占城、大食、真腊等。各国所贡之物主要是本国土特产，如东南亚国家进贡象牙、犀角、玳瑁、珍珠、香料等，大食进贡玻璃器、水晶、织锦等。宋朝则常以金器、银器、钱币、丝织品等回赐。

　　在唐代，海上丝绸之路成为联系广州和巴格达两大国际大都会的纽带，巴格达设有专卖中国货物的市场，而广州则有大批阿拉伯商人聚居的"蕃坊"。至宋代，中国商人和商船取代了波斯和阿拉伯等国商人和商船的地位，成为中外贸易的主导力量。

　　唐代以前，丝绸和黄金是中国的主要出口产品，丝织品是政府物产税收的主要来源之一。唐代中晚期以后，瓷器贸易盛行，长沙铜官窑的瓷器、华南的青瓷、华北的三彩、邢窑的白瓷成为畅销海外的产品。中国瓷器大量外销的趋势在宋代后迅速发展，海外发现中国宋元至明清瓷器的地点和数量越来越多，可见这种世界性的中国瓷器销售网络存在了几乎千年之久。

　　中国输入的海外产品以香料为主。汉代文献中提到外来的苏合香，南北朝时期日南和天竺的香木、罽宾的郁金香、安息的苏合香等被四方的商贩运抵中国。因此，香料也从奢侈品逐渐成为市井日常的消费品。宋代仅香料税收这一项，最高时竟占整个财政收入的10%。当然，除香料外，纺织品、药物、玻璃、金银器等也传入了中国。

　　唐宋时期的东西方文化交流达到了空前的高度。唐宋的典章制度、儒家学说对越南影响颇深，而丝绸与织造技术、瓷器与制瓷技术、货币，以及造纸术、印刷术、火药、指南针等四大发明，则通过海路传播到世界各地。

北部湾地区的瓷业经济与对外文化交流

北部湾地区唐宋时期的制瓷业

【**唐代制瓷业**】北部湾地区发现的窑场数量不多，主要有合浦英罗窑址、钦州雅子冲窑址、北海晚姑娘窑址和容县窑址4处，年代均为唐代中晚期。其中，英罗窑址经过正式发掘，是了解北部湾地区唐代中晚期制瓷业的重要材料。

英罗窑址位于合浦县山口镇英罗村塘尾水库东西两岸的斜坡上。据传原有72座窑，多已毁于水库建设。在地表发现大量唐宋时期的陶瓷器残件、模范、烧土碎块、砖瓦建筑构件等遗物。经发掘，发现与陶瓷生产相关的遗迹有龙窑1座、练泥坑5个及废品堆积。其中，出土的瓷器以青瓷为主，有瓮、罐、壶、盒、盆、盘、碗、碟等；出土的陶器有釜、瓮、罐、盆、钵、擂钵等，多为唐代中晚期流行的器类。

雅子冲窑址和晚姑娘窑址遭到严重破坏，根据调查情况，这两个窑场规模都不大，制瓷技术与英罗窑址较为相似。雅子冲窑址发掘和采集的遗物以瓷器和窑具为主，陶器较少。瓷器均为青釉瓷器，器型主要有多系罐、小多系罐等；陶器主要为多系罐。雅子冲窑址的器型器类、窑炉形制、装烧技术等，都与广东唐代中晚期窑址较为相似，年代与之相当，进一步说明了钦州地区窑业技术与广东沿海地区的重要关系。

容县窑址的产品从器型上看，比前面三个窑址年代要晚些，釉色青黄或青褐，部分釉面有乳浊光斑，釉层较薄，玻璃质感差。

北部湾地区还没发现唐代早期窑址，但从出土的陶瓷器来看，年代属隋到唐初，说明该地陶瓷生产技术具有延续性。

【宋代制瓷业】广西宋代制瓷业得到了较大发展，据统计，藤县、容县、北流、桂平、贵港、桂林、柳江、田阳、田东等地都发现了宋代窑址，数量约有 57 处。这些瓷窑的分布很有规律，形成了以漓江、洛清江、柳江为中心的青瓷烧造区和以西江支流北流河、郁江、武思江为中心的青白瓷烧造区。

北宋早中期窑址主要分布于北部湾腹地的浔江流域，以伟杨窑址和桂平窑址最具代表性。

在伟杨窑址历次调查中采集到的产品有碗、盘、罐、碟、盏等。从器型上看，伟杨窑址的各式叠唇碗、敞口碗，胎釉、器型均与安徽繁昌窑址出土的比较相似，与桂平窑址以撇口碗为主，圈足较高的碗、盘有所不同，其年代可能为北宋早中期。

桂平窑址传说原有 99 座龙窑，早年因桂平扩大城区毁去了大部分，只剩 12 座。烧造的瓷器主要有碗、盘、碟等。窑址中出土了"元符通宝"和"圣宋元宝"铜钱，且碗、盘、碟等大多有厚唇、矮圈足的五代瓷器风格，因此桂平窑址的年代应在北宋早中期。

从总体上来看，这个时期的窑炉类型是长度约 20 米的斜坡式龙窑，窑炉结构已较合理；产品以碗、盏、盘、碟等日用器物为主；窑场以烧造青白瓷为主，制瓷技术多受安徽繁昌窑、江西景德镇湖田窑、广东潮州窑等窑场的影响；在胎釉水平方面有所提高，各窑址胎土洁白细腻，淘洗比前期精细，胎质洁白致密，胎体轻薄，少见气孔，吸水率大大降低。

北宋晚期至南宋时期的窑址发现较多，主要分布在北部湾腹地的北流河及武思江流域，数量多，规模大，制瓷业发展情况以容县城关窑址、北流岭垌窑址、藤县中和窑址为代表。

城关窑址分为东、西两个窑区。东窑区受造田造地和建房造屋等影响，被破坏较严重，现在还可以看到沟槽状的废窑炉及废品堆积 10 余处，废品堆积较厚。这个窑区烧制青白瓷，器型以碗、盘为主；瓷器胎体细致坚薄，釉匀莹润，多素面；个别盘内壁雕饰席地缠枝菊花纹，有的碗外壁有菊瓣纹；匣钵外壁常刻划或戳印"张""张七""马"等字样。西窑区的窑炉及废品堆积相当密集。这个窑区烧造青白瓷，器型有碗、盘、盏、碟等；瓷器胎体与东窑区相同，更轻薄一些；装饰以刻花为主，次之为印花，花纹主要有海水游鱼、海水婴戏等；匣钵外壁常刻划或戳印"李""莫四""莫小一"等字样。

岭峒窑址发现残存窑炉 19 座，出土印花模具 12 件，其中有纪年的 7 件，如"宣和三年""绍兴二年""绍兴十年""乾道三年""嘉定元年"等。

青白瓷模印菊花双鱼纹碗　　　　青白瓷斗笠盏

岭峒窑址出土的宋代瓷器

71

中和窑址清理了斜坡式龙窑 2 座，采集各种瓷器 1000 余件。烧造的产品以碗、盏、盘、碟为主。其中一件飞鸟花卉印花模具，背面刻"嘉熙二年戊戌岁春李念龙参造"年款。

青白瓷葵瓣高圈足碗

青白瓷葵瓣盘

中和窑址出土的宋代瓷器

以上三处窑址具有较强的共性和时代特征，反映了北部湾地区北宋晚期至南宋时期的制瓷技术水平。这个时期窑炉类型皆为较长的斜坡式龙窑，匣钵柱间距较前期更窄，反映了该时期生产规模进一步扩大；产品以青白瓷为主，器型多见碗、盏、盘、碟等；器型较为规整，器壁多极薄，内底稍厚，圈足稍高；胎釉方面，胎土洁白细腻，淘洗匀净，烧制精细，胎体更趋轻薄；装饰大大增加，模印、刻划及贴塑十分流行；受景德镇湖田窑系的强烈影响，产品类型、装饰技术及风格都与之较为接近。

北部湾地区唐宋时期的陶瓷贸易

陶瓷器是海上丝绸之路贸易的重要商品，不仅勾勒出了海路贸易的路线网络，其背后蕴含的文化意识和反映的人文交流，也对生产地和输入地的历史产生了深远的影响。

【唐代的陶瓷贸易】由于历年的破坏，广西的唐代遗存发现较少，保存情况较差，只能从有限的窑址中探窥一二。雅子冲窑址是一处具有相当规模的瓷器手工业作坊遗址。据明嘉靖版《钦州志》载，隋唐时期钦州地区人口较少，"仅二千七百户，人口一万一百四十六"，但烧造的瓷器量远远超过当地的需求，其产品应有一部分被运销到外地。

英罗窑址产品的流通范围更广，不仅在合浦唐墓有发现，还在防城港怪石滩、玉林博白等地也有发现。如北海唐墓出土的四系罐，直口，溜肩，四个桥形横耳，椭圆腹，从器型及工艺上看，明显是英罗窑址唐代中晚期的产品。

越南出土了一些9—10世纪的青瓷碗、青瓷六系罐，不论是器型、胎釉还是烧造技术，都与两广沿海地区的青瓷窑场产品非常相似。目前虽不能确定其产地，但就越南与两广的密切交往来看，极有可能来自两广沿海地区。

青瓷碗　　　　　　　　　　青瓷六系罐

越南出土的9—10世纪瓷器

73

从现阶段掌握的考古资料来看，北部湾地区的陶瓷贸易较为频繁。唐代的陶瓷产品主要在北部湾地区进行贸易，以满足当地需求为主，用于外销的较少。2009 年当地村民在鹿耳环江注入钦州湾的入海江口挖沙时，挖出了一批唐宋时期的青瓷碗、盘。这些瓷器不仅有雅子冲窑场烧造的，还有广东地区窑口的唐代中晚期青釉褐彩瓷盘。

广东地区窑口的唐代中晚期青釉褐彩瓷盘残件

北部湾自古以来就是海上丝绸之路的重要组成部分，到唐代仍是东南亚、南亚诸国来中国朝贡和佛教僧侣交流往来的重要通道。一些经过北部湾的海外游僧和商旅在这里遗留下了孔雀蓝釉波斯陶器，还勾勒出了一条过去鲜为人知的海路贸易和文化交流通道。

孔雀蓝釉波斯陶又称"波斯陶"，产自伊拉克巴士拉。从唐代开始，特别是 8 世纪以后，随着造船和航海技术的迅速提高，中国沿江、沿海各大港口的商业贸易也随之日趋繁荣，福州、扬州、明州、广州等地都发现有波斯陶器。广西出土的波斯陶片虽来自不同个体和部位，但都属于瓶子的残片。2015 年柳州正南门城墙遗址也出土了波斯陶壶的器底残片。

柳州正南门城墙遗址出土的波斯陶壶器底残片

【宋代的陶瓷贸易】广西的宋代遗存发现较少。北流河流域是广西青白瓷窑场的集中分布区，其中北流岭垌窑、藤县中和窑、容县城关窑等几处青白瓷窑场规模较大，它们的产品质量较好、流布范围较广，在桂北桂林旧城、临桂钱村遗址，桂西百色阳圩营盘遗址、横山寨旧址，桂东贺州钱监遗址等均有出土。桂林是沟通岭南与中原地区的重要交通枢纽，北流河流域青白瓷在这里出现，足见南北贸易往来的盛况。临桂钱村遗址是北宋晚期至南宋时期的圩场，百色阳圩营盘遗址为北宋晚期的地方军事防御体系，贺州钱监遗址是宋代冶铸遗址，北流河流域青白瓷在这些遗址中的发现，反映了北流岭垌窑、藤县中和窑、容县城关窑等窑口的产品已深入各级市场，成为当时社会生活中的重要商品。邕州地连大理、罗甸（今属贵州）、自杞（今云南东、贵州西南地区）、特磨（今属云南）和安南，是连接当时西南民族政权和交趾地区的重要通道，在横山寨博易场旧址中发现不少宋代青白瓷和青瓷残片，说明应有瓷器通过横山寨向西南，甚至交趾地区流通贸易。

越南北部与广西接壤，濒临北部湾地区，有海陆交通与我国交流，交趾商人从海港出发，"朝发暮到"，非常便捷。神宗元丰中期在钦州设置的博易场，是宋朝与交趾地区商品贸易的中心，贸易商品除了文献记载的香料、黄金、沉香，可能还有各地窑场的瓷器。

鹿耳环江口出土的双面刻花青瓷碗，内外刻花，器底修足草率，留有高低不平的旋修痕迹，主要见于福建宋代同安汀溪窑系。东南沿海窑场瓷器的发现，可能如《诸蕃志》所载，由福建、广东等地商人"舶以酒、米、面粉、纱绢、漆器、瓷器等为货"，至北部湾沿海进行贸易，再贩回香料等土特产。

鹿耳环江口出土的双面刻花青瓷碗残片

从贸易辐射地来看，广西的博易场以西南民族和交趾为主要贸易对象，市场需求狭小而单一，比不上广州面向的海外市场广阔。在交趾北部地区发现的一批仿烧中国瓷器的窑址，产品大多较粗糙，显然以满足当地普通居民需求为主。宋代虽然有少量瓷器在横山寨和钦州博易场交易，但是广西的瓷器大批出海贸易，只能顺西江而下，先来到广州市舶司再出海。

丝绸之路上的商品贸易和文化交流从来都不是单向的输出，而是双向的交流与互动。北部湾沿海的防城港洲尾地区发现了几件越南生产的仿广西耀州窑系青瓷碗残片。这些瓷器均为口沿内折，腹壁斜直，圈足低矮；灰白胎，较粗疏，施青釉，部分釉面有开片；纹饰有模印菊瓣纹和模印缠枝花卉纹两种。根据器型、纹饰、胎釉特征和制作工艺来看，其与越南北部河内市、南定省出土的 12—14 世纪的仿我国耀州窑系青瓷器较为相似。这种从胎色、釉色到叠烧技法、纹饰风格等各方面的精心仿制自然不是凭空想象，供其参考的瓷器范本应是通过贸易或其他途径获得。由于地域相邻，在贸易往来与文化交流频繁的背景下，我国的瓷器经由北部湾流向了交趾地区，激发了输入地窑业技术的改进和发展，由此出现了仿制我国外销瓷器品种的热潮。

这些舶来品对输入地的影响并非物品本身的价值高低，而在于它们对人们的思想观念和行为模式的影响。由于耀州窑青瓷行销世界各地，深受各地人民喜爱，越南窑工便试图对其进行仿制，而我国东南沿海地区也曾出现过仿制著名外销瓷的热潮，因此越南窑工获得的"耀州窑青瓷"不乏这些窑口的仿制品。面对琳琅满目的"耀州窑青瓷"，越南窑工无法分辨，对各仿制瓷器中包含的技术信息和文化内涵亦不能真正理解，只能基于自身的制瓷技术水平和审美，对其胎釉、纹饰等外在特征进行仿制。越南窑工模仿耀州窑青瓷烧制了灰胎、青釉、器底涂抹铁汁的瓷器；纹饰方面虽也选择了较为流行的缠枝花卉纹、唐子纹（婴戏纹）等，但这些纹饰在我国仿耀州窑系瓷器中均有仿制，只是不同窑址各有特点，导致越南仿制的牡丹纹与广州西村窑的较为相似，唐子纹（婴戏纹）的布局结构和纹饰特征则可能来自北流岭峒窑。印花纹碗、盘内壁从口沿下方到腹壁装饰模印菊瓣纹和蔓草纹，口沿内折，用泥块支钉垫烧、圈足低矮、刮削不均匀等做法为仿兴安严关窑瓷器。越南的仿耀州窑青瓷中还混入了一些北部湾地区青白瓷的元素，如蔓草叶纹青瓷碗里凸起的小圆圈是北流岭峒窑、容县城关窑等常见的。这些混合了各窑址特征元素而形成的越南仿耀州窑系青瓷，正是中越两地文化交流与互动的代表性产物。

青瓷模印菊瓣纹碗残片　　　　　　　　青瓷模印缠枝花卉纹碗残片

防城港洲尾地区出土的越南青瓷

缠枝花卉纹青瓷刻花碗　　　　　　唐子纹（婴戏纹）青瓷模印纹碗

青瓷模印纹碗

越南出土的12—14世纪瓷器

唐代北部湾地区海上丝绸之路主要遗存

汉代以后，合浦港逐渐失去了北部湾地区海上丝绸之路贸易中心的地位，钦州地区成为北部湾地区的政治、经济中心，海上航运和贸易也随之繁荣起来。相关遗存除上述窑址外，还有钦江故城、久隆古墓群、西坑运河和潭蓬运河等。

【钦江故城】钦江故城是南朝至唐代初期安州州治所在，遗址位于钦州市钦南区久隆镇沙田村，1981 年被列为广西壮族自治区文物保护单位。钦江故城保存状况较好，城圈基本保存完整，南北城墙各有缺口一处，应是城门。城内出土遗物多是瓷器，以青黄釉、青釉为主，也有少

钦江故城航拍图

量酱黄釉；器型以多系罐为主，有少量盏、碟等，从器型与烧造工艺来看，应为雅子冲窑产品。钦江故城是北部湾地区南朝至唐代早期的政治和军事中心，通过人工河道形成的江海一体的航运体系，在海路贸易体系的建立与完善上发挥了重要的作用。

【久隆古墓群】久隆古墓群是钦州地区酋帅宁氏的家族墓地，共 36 座墓，1981 年被列为广西壮族自治区文物保护单位。墓葬形制较为复杂，墓室较多，另有耳室、壁龛、头龛等；出土器物以隋唐时期常见的青瓷器和陶器为主。久隆古墓出土的一件青绿色高足琉璃杯，经能谱分析属高铅玻璃系统，从其类似罗马玻璃杯的造型来看，很可能是海路贸易输入的舶来品。久隆古墓群是

久隆古墓出土的
青绿色高足琉璃杯

了解宁氏家族及钦州地区历史的重要实物材料，在这里发现过两座有墓志铭碑的墓葬，分别为清道光六年（1826 年）出土的宁赞墓和民国九年（1920 年）出土的宁道务墓，两位墓主都曾担任过钦州刺史。墓志中提及宁氏先祖从水路"铺舶新塘之江，出寇迤缘之海"，反映了钦州地区在隋唐时期与东南亚和东北亚地区较为密切的海上交通联系概况。

【西坑运河与潭蓬运河】西坑运河位于钦州市钦南区犀牛脚镇。运河利用大风江天然河道引入大风江水，向西南经过九河渡、龙眼山、河山框（岭），流向大灶江，经沙头港后向西而行，沟通金鼓江、钦州湾、防城港等，最后到达越南。其中龙眼山—河山框（岭）段是人工开凿，现存长度约 5 千米，宽 10 ～ 12 米。西坑运河的开通，起到了缩短大风江沿岸、合浦地区到钦州湾航程的作用。

西坑运河局部航拍图

潭蓬运河为唐代晚期镇守越南的静海军节度使高骈开凿，在其幕僚裴铏所撰的《天威遥碑》中被称为"天威遥"，又因人们认为只有神仙才能完成如此浩大的工程而在当地又称为"仙人垄"。运河位于防城港市防城区江山镇潭蓬村，残长约 1.5 千米，宽 6 ～ 7 米。潭蓬运河沟通了防城港蓬莱湾和珍珠港万松湾，使通往安南的船只无须绕过白龙尾即可直达，既缩短了航程，又避开了风浪。考古专家在江山半岛南段的怪石滩进行水下考古调查时发现数艘近现代沉没的铁壳船，由此可见在更早使用木船的唐代开凿潭蓬运河的必要性。运河开凿的年代比较明确，运河南壁有摩崖石刻"咸通九年三月十三日下手"，表明开凿年代为唐代晚期的 868 年。1982 年村民在运河附近挖出了六系罐、青瓷碗、印花青瓷残片及铜佛手等唐代遗物，由此证实了年代的可信。

西坑运河及潭蓬运河如此浩大的工程，很可能是东汉初年马援征交趾时开凿的。不过西坑运河所经为黄土土质，易于开凿，而潭蓬运河所

潭蓬运河局部

经为海石结构，马援没能完成，这才有之后高骈为开凿潭蓬运河上奏朝廷时所言的"稍加疏凿"一说。如果没有马援打下的基础，潭蓬运河恐怕很难如《天威遥碑》所记，耗时仅半年就完工。

潭蓬运河和西坑运河作为一个有机联系的整体，构成了广西古代北部湾沿海运河体系。北部湾沿海古运河的开通，使合浦经钦州湾通向越南的航运更加安全便捷，保障了海上丝绸之路北部湾航段的安全、通畅，促进了北部湾地区的对外贸易发展。这样宏伟而艰巨的工程，在很大程度上是汉唐时期国家开拓南部边疆的象征。"天威遥"实际上是中国古代仅有的一条海上运河。如果西坑运河的开凿时间在接下来的考古工作中得到证实，那么广西北部湾沿海运河的开通年代更可能早至东汉早期。但其开凿的年代，不管是东汉早期，还是唐代晚期，均比世界著名的苏伊士运河、巴拿马运河等至少早上千年，其伟大意义不言而喻。

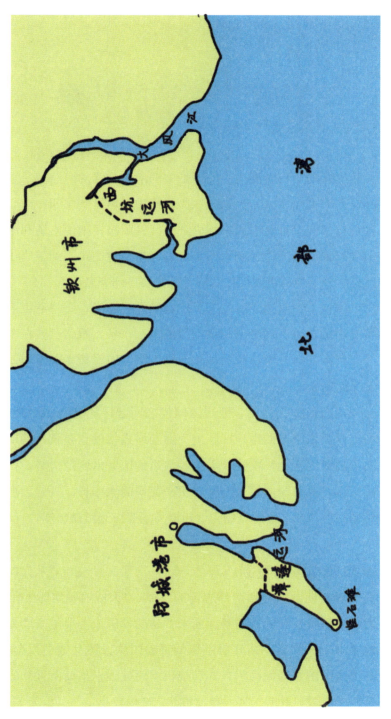

北部湾沿海古运河位置示意图

钦州博易场研究

在相当长的历史时期内，交州是中国南海重要的海路贸易港口。三国东吴时南海商船东来，大都先在交州停泊，再转到广州；南朝时，南海各国商船多经交趾泛海入中国内陆地区；隋时，隋使出访和南海各国派使节随同回访，无论是朝贡还是贸易，均经过交趾；到了唐代，交州港依然是海外交通的重要门户之一，几乎与广州齐名。

到了宋代，安南独立后失去了广阔的内地市场，交州港也不再充当中国贸易港的角色。加之宋朝政治经济重心东移，海路贸易在东南沿海兴起，交州港在海外贸易中的地位急剧下降。航海技术的发展，更是加快了交州港的衰落。

交州港衰落后，钦州、廉州随即代之而起，其交通作用日益突显，成为海上丝绸之路与西南地区陆上交通网络连接的重要贸易港口。这里的海陆交通四通八达，使这片沿海、沿边地区凭借区位优势，打破自然经济的束缚，成为国内贸易与海路贸易交织的大市场，兴起了邕州横山寨博易场、邕州永平寨博易场和钦州博易场等海路贸易口岸。

钦州博易场的贸易

钦州博易场在城外江东驿，前来贸易的外国人主要是安南人。这些商人除了富商，另有安南官府组织的贸易团队，还有做小买卖的边民。富商和小商贩的贸易商品、方式和规模差距甚远，富商所进行的是远距离贸易，小商贩则贩纸、笔、米、布等，规模较小。

交趾商人所贩的是金银、铜钱、沉香、光香、熟香、生香、蝉蚕香、真珠（珍珠）、象齿、犀角，以及海盐、鱼蚌等特产，换回丝织品、纸笔、米布。其中，金银、真珠、象齿、犀角皆为交趾盛产。沉香、光香、熟香、生香、蝉蚕香则由交趾商人从海外如真腊、占城贩运到钦州博易场。钦州人还常带着琥珀前往博易场卖给交趾人，往往能赚大钱。广西桂树极多，桂肉可食且能入药，因此也是钦州博易场常见的交易物品。

博易场交易的时候，大商人之间的大额贸易，首先要向宋朝地方政府申请，即"移牒"。大额贸易一般都是数量相对大、价格相对高、贩卖距离相对远的商品，如蜀商贩到钦州的锦和贩到蜀地的香，交趾贩来的钦香、沉香等香料。其次是进行验货，接着进行价格谈判，一旦谈好就不再变更。如经较长谈判时间仍难达成一致，便需要职业中间人"侩者"从中调和磋商。双方在价格上达成一致后，一般由官府出面度量，达成最终贸易。最后是征税。钦州博易场上只对我国商人征税，蕃商免税。免税实则照顾钦州，以广招蕃商前来贸易。

根据文献记载，当时在交易过程中，除了价格较量，还常有互相欺诈的情况发生。宋朝商人有时会提供假劣商品，而且在秤上做手脚，导致交趾先后三次派遣使者校正博易场所用的秤。而交趾人用金银混合铜，使得真假难以分辨；还在香料中加盐，使其能够沉入水中；或者在香料的孔隙中注入铅，使其更重以便沉水。这些手段使得宋朝商人经常上当受骗。

钦州博易场在宋代对外贸易中的地位

在宋代对外贸易中，钦州博易场发挥着巨大作用。它通过海路和陆路，将广西与域外和西南少数民族地区联结起来，是海上丝绸之路上的区域贸易中心之一。

香料是宋代最大宗的海外舶来品。南宋时期，钦州成为西南地区最大的香料集散地。在交趾商人带来的香料中，不完全是安南土特产，也有部分为从其他国家获取的舶来品，而后转贩于广西各博易场。

广西的博易场均设于沿海或沿边，交易具有明显的内贸外贸交融的特征，但是各博易场的分工又各有不同，如横山寨博易场针对大理买马而设，永平寨博易场面向陆路而来的交趾商人，钦州博易场是滇西海路贸易港口。这些博易场主要集中在广西西南部，又有便利的交通道路相连，西南地区来的商人和海外商人可以在几个博易场内辗转贸易、互通有无。由此，各博易场的内贸外贸根本无法截然而分，如大理贩马商人和巴蜀丝锦商贩可以通过横山寨辗转钦州港或永平寨博易场同那里的海商进行交换和贸易，海商和交趾商人也能来到横山寨等博易场同内地商贾交易。博易场与海港间形成了相互通连的内外贸易大市场，任何参与该市场交易的个人、民族、地区和国家，都已自觉或不自觉地参与了国内外贸易。

总之，在广西沿海或沿边地区设置的博易场，发挥着西南地区内外贸易集散地的作用，带有强烈的对外开放特征。其经济联系面和影响力覆盖了广西、云南、贵州、四川等整个西南地区，波及东南亚地区和海外国家，构成了西南地区开放型的内外贸易兼容的市场体系。

元明清时期广西的海路贸易与文化交流

元明清时期是海上丝绸之路空前发展直至鼎盛，而后渐趋衰落的时期。在此阶段，北部湾地区的海路贸易以邻国安南为主要对象，进行小规模的贸易往来，在中越两国经济、文化交流中发挥了重要作用。

元明清时期的海路贸易与文化交流

元代

元代的海路贸易不仅涉及地域广，而且贸易商品也空前丰富。在宋朝的基础上，元朝制定了完整、系统的海路贸易管理条例，海路贸易管理水平上升到新的高度，与元朝贸易的国家和地区数量大增。

【贸易形式】元朝的海路贸易并不是一帆风顺。至元十一年（1274年），元军首次攻下广州后，即设置了市舶司。后来，宋军反攻，广州遭到严重破坏，海路贸易陷于停顿，广州市舶司暂被罢废。至元十四年（1277年），元军占领两浙、福建等地后，即在泉州、庆元（今宁波）、上海、澉浦（今浙江海盐）四地设置了市舶司，后又将杭州、温州归入庆元，并在广州复设市舶司。

至元十五年（1278年），元世祖忽必烈通过福建行省向外国商船官宣欢迎来朝、互市的诚意，于是海外诸国纷纷派遣使携方物前来通好，赠品之多甚至超过唐宋两朝。据《元史》记载，从至元十六年至三十一年（1279—1294年）的15年间，海外诸国来华通好达90余次，涉及的国家除分布于东亚、东南亚、南亚、西亚外，还远至北非、东非和欧洲。

以官商为主导的海路贸易经营形式是元代海路贸易的突出特点。其中，官本船贸易是由官方出钱出船、委托商人经营的一种官本商办的经营形式。船为官府制造，本由官府出，官府选择海商作为代理人出海贸易，归来时官商按七三利润分成。

斡脱贸易与官本船贸易相似，也是一种官本商办的经营形式，但其贸易商人以色目人为主，他们是为元朝官府和贵族经商、放债营利和从事海路贸易的御用商人。商人们从官办的诸位斡脱总管府获得官债，赴海路贸易后向官府交付利息。斡脱总管府每年发放官钱达数十万锭，收息达数百万贯，可见斡脱贸易的规模相当可观。

此外，元政府为了获得海外奇珍，常派遣特命使臣赴海外诸国采办货物。这种由朝廷一手操办的官本官办的经营形式，加强了朝廷对海路贸易的垄断。

元朝在海路贸易上实行了开放政策，从事海路贸易的商人有各级权贵商人、色目商人、舶商、散商等，反映了元代海路贸易活动的频繁和多样化。元朝改变了宋代禁官下海的政策，只要依照惯例提取货物，权贵官吏就可以从事海路贸易。

【贸易对象】据《大德南海志》记载，有 140 多个国家和地区与元朝进行海路贸易，《岛夷志略》则提及与元朝贸易的国家和地区有近百处。在东洋航路上，主要有高丽、日本两国；在东南亚和印度洋的西方航线上，国家和地区更多，遍布中南半岛、马来半岛乃至南亚、西亚、非洲等。

元朝对外输出的产品主要有青白花碗、瓦瓮、粗碗、罐、壶、瓶等陶瓷器，苏杭五色缎、绸、绢、布等纺织品，铁条、锡器、铜鼎、铜锅、铁锅等金属器，木梳、雨伞、席、针、帘子等日常生活用品，酒、盐、糖等副食品，书籍、文具和乐器等文化用品。这些商品对输入地的社会生活影响深远。

我国从亚非各地进口的商品以象牙、犀角、珍珠、珊瑚和香料为主，药材次之；从东洋、西洋进口没药、阿魏、血竭等；从高丽进口茯苓、红花等；其他进口商品主要有白番布、花番布、剪绒单、毛驼布、皮货、漆等。

【文化交流】元朝还借助海陆贸易同域外诸国进行文化交流，不仅将中国的先进技术传播出去，而且吸收了域外的新事物。许多欧洲商人、传教士东来，在我国沿海泉州、杭州等地居留，进行贸易和传教。海外商人寓居在中国港口城市，给这些城市带来了别具一格的建筑艺术。杭州、广州、泉州等港口兴建了不少宗教寺院和带有各种民族风格的建筑。泉州的伊斯兰教建筑尤其多，伊斯兰教礼拜寺达六七所，皆具有浓厚的阿拉伯宗教建筑风格。

我国出口的若干手工业产品，对一些亚非国家手工业技术的发展起到了积极的促进作用。我国的养蚕缫丝技术、制瓷技术、医药技术、乐器、印刷术、火药等继续向域外诸国传播。元朝瓷器的输出，不仅满足了海外诸国的需求，还对当地的制瓷业发展起到了积极的促进作用，如13世纪越南对元朝的朝贡物品中即有瓷器。而越南产的青瓷和青花瓷更是受到了中国龙泉窑、景德镇窑、玉溪窑的影响。暹罗、叙利亚、摩洛哥等地也都有出土中国瓷器的仿制品。同时，东西方航线上各个贸易圈人民的喜好和购买力也影响着国内瓷器艺术风格和生产品种的变化，如阿拉伯人、波斯人喜用大型器皿盛物，导致元代瓷器更趋大型化，纹饰繁缛的青花瓷亦受其审美情趣的影响。日本则喜好简洁的龙泉青瓷、建盏等。

青瓷碗

青瓷罐

越南出土的13—14世纪青瓷器

明代

明朝实行海禁政策，禁止民间赴海贸易。海路贸易方式主要为具有政治交换色彩的朝贡贸易，需持有官方特许的"勘合符"方可进行。

【朝贡贸易】海禁政策的实施在一定程度上削弱了海外的反明势力，维护了国内和平安定的局面，但同时也破坏了中外正常的经济联系。为了满足统治阶层对海外奇珍异物、香料的需求，达到"万国来朝"的盛况，明政府在禁断私营海路贸易的同时，积极推行朝贡贸易政策，即由海外诸国通过朝贡的方式与中国进行一定数量的物品交换，这也是当时唯一合法的对外贸易方式。

贡物包括香料、药材、漆器、纺织品、金银器皿、玻璃器皿、军用品、手工业原料、珍禽异兽等，甚至还有黑奴，几乎涵盖了所有物品种类。其中，向明政府呈献的贡物占比很小，大部分为各国国王、贡使甚至商人的附进物品，数量往往为贡物的十倍乃至几十倍。大量附进物品进入中国，导致明代朝贡贸易空前繁荣。

由于明政府对前来朝贡的国家的回赐大大超过贡品价值的钱货，且免费提供来华贡使的食宿交通，还对所携私物给予免税优惠，致使海外国家频来"入贡"，给政府带来了沉重的经济负担，因此明政府开始对朝贡的贡期、贡品、贡道进行限制，如规定宁波通日本，泉州通琉球，广州通占城、暹罗及西洋诸国。由于朝贡贸易的限制损害了入贡国的经济利益，中外官方贸易的频率急剧下降。到了洪武三十年（1397年），前来朝贡的国家只有安南、占城、真腊、暹罗等国了。

洪武末年，中外关系明显恶化，番国使臣、客旅不通。为修复洪武年间恶化的中外关系，明成祖推行积极的鼓励海路贸易政策，于永乐元年（1403年）派遣使臣出访安南、爪哇、西洋锁里等国，恢复了明朝与东南亚、南亚诸国的外交关系；随后恢复设置浙江、福建、广东三大市舶司，设立交趾云屯市舶司，负责管理印度支那半岛国家来华朝贡事务。

为进一步发展中外关系，明成祖于永乐三年（1405 年）派遣郑和率大规模船队下西洋，从此揭开了中国航海史、中外关系史、中国对外贸易史上的辉煌篇章。

郑和下西洋船队中的船只，不论载重量还是船体结构，都很先进，其中最大的宝船甚至达到了 19 世纪以前世界木帆船制造技术的顶峰。航海技术也达到了相当高的水平，水罗盘配合物标导航、计程仪、牵星板的综合运用，使船队的方向测定和航行路线极为准确，有效地保障了航行的快捷与安全。《郑和航海图》对船队的航程远近、停泊地、暗礁及浅滩等位置都有详尽精确的记录，这表明郑和船队已具有高超的航海水平。郑和前后 7 次下西洋，历时 28 年之久，遍历 30 余国，在唐、宋、元三代航海的基础上，极大地扩展了亚非之间的航行范围，将亚非各地的航路串联在一起，构筑了西太平洋与北印度洋之间畅通无阻的海上交通网。

郑和率领大规模船队，每到一国就宣谕皇帝诏书，向该国国王、地方首领颁赐礼物，诸蕃国王也派遣使者携带珍禽异兽及方物等随宝船赴京朝贡。一时间，海外诸国使节纷至沓来，来华朝贡国家之多、规模之大史无前例。永乐二十一年（1423 年），16 个国家的使团成员多达 1200 余人。除派遣使臣来华外，渤泥、满剌加、苏禄等国国王还亲自来华访问。"万国来朝""四夷咸服"，明朝统治者的虚荣心得到了极大满足。但是到了明孝宗弘治年间，这种不计成本、无所节制的朝贡贸易很难再继续下去。郑和所开拓的中外海上交通新局面，被明朝的海禁政策所限制，未能促进中国海路贸易的长足发展。朝贡贸易衰落了，民间海路贸易则以走私的形式日渐兴盛。

隆庆元年（1567 年），朝廷宣布开放海禁，允许民间商人出海贸易。由此，实施近 200 年之久的海禁政策宣告结束，朝贡贸易的独占地位丧失，私营海路贸易合法化并得到了较快发展。

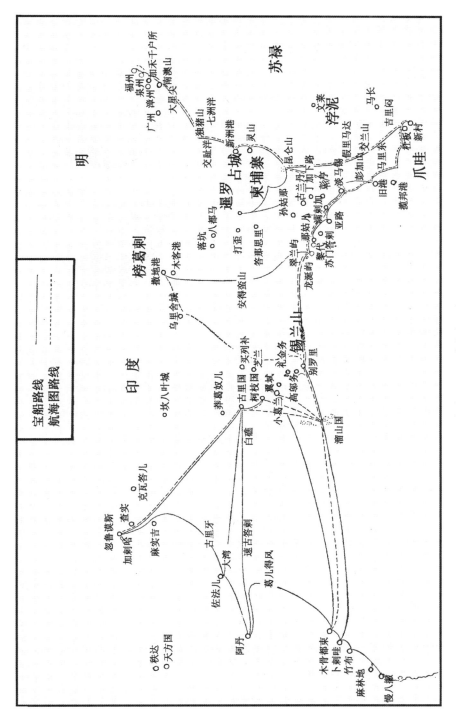

明代郑和下西洋路线示意图

【**文化交流**】明代，中国商品越来越多地传播到海外，中外经济文化交流达到空前的规模与水平。

明代早期，中外文化交流主要是在亚洲国家间进行。中国海商传入东南亚的生产技术主要有农耕、度量、丝织、陶瓷烧制等，这些技术促进了东南亚社会经济的发展。历法的传入，对这些地区的农业生产大有帮助。明代初期，南亚、东南亚不少地区的居民还处于原始的生存状态，甚至有些人赤身裸体，中国丝绸和服装的输入改变了这些地区的衣着文化。中国制瓷技术的传播，使越南的藩郎成为制瓷中心，由于其工艺来

越南出土的14—17世纪
青花瓷碗

自中国的景德镇，因此被喻为"越南的景德镇"。明景泰年间，越南还邀请一批中国窑工前往教授制瓷技术，越南的陶瓷业得到了飞速发展。

明代晚期，欧洲传教士在传播天主教时将西方科学技术传入中国，中国文化也被介绍到西方，东西方的文化交流进入了一个新阶段。西方传教士把天文学、数学、地理学及机械工程学等近代科学介绍到中国。同时，他们也潜心研究中国的传统文化，并将"四书"、经史子集等优秀典籍译成外文介绍到欧洲。《中华大帝国史》(西班牙文)、《利玛窦中国札记》(拉丁文)的出版，促进了欧洲人对中国的了解。

清代

【**海路贸易**】清代的对外贸易以海路为主，推行有限制的开海贸易政策，制约了海路贸易的发展。

清初仍沿袭明末的海路贸易制度，允许商人出海贸易。后来，郑成

功抗清势力不断壮大，清政府为巩固新政权的统治，提出海禁政策，后又下达"迁海令"。即使在海禁和迁海时期，海路贸易也没有中止，官方贸易、郑成功和地方政权的贸易及民间的走私贸易都在继续。官方贸易是唯一合法的贸易形式，主要与琉球、暹罗和荷兰进行贸易。

清政府平定三藩之乱、收复台湾后，颁布了"开海令"。康熙年间宣布江苏松江（今属上海）、浙江宁波、福建厦门、广东广州为对外贸易港口，并分别设立江海关、浙海关、闽海关和粤海关，承担管理海路贸易的职责。后乾隆年间撤销宁波、厦门、松江的海关。

清代的主要进出口商品在 18 世纪中叶前后有所不同。18 世纪中叶以前，进口商货主要是权贵享用的奢侈品和英国极力推销的毛织品，出口产品主要为茶叶、生丝等土特产。18 世纪中叶以后，进口商货主要为棉花、棉纱、毛织品、金、银、珍珠等，出口产品仍以茶叶、生丝为主。19 世纪 40 年代，鸦片战争爆发，中国对外贸易的性质从此发生了根本改变，中国由独立自主沦为半殖民地半封建国家。

【文化交流】 明清之际，随着欧洲殖民势力来华的传教士成为中外文化交流的重要媒介，他们不仅借布道传教之机向中国传播欧洲科学文化，还向西欧译介中国文化，促进了东西方文明的交流。

传入中国的西方科学技术，主要有机械、物理、测绘、历法等，其他的还有天文历法改革、数学的介绍和研究、地理学与地图测绘、西洋医学和药学等，促进了近现代科学在中国的兴起。

随着欧洲传教士在亚洲开展传教活动，中国这个东方大国也引起了欧洲人的关注，中国的典籍如"四书五经"、宋儒理学、文学作品乃至历史、地理、天文等，都被译介至西方，掀起了一股"中国热"。

17 世纪中叶以后，中国瓷器成为欧洲进口的大宗货品。随着饮茶风气的兴起，18 世纪瓷器成为欧洲普通家庭的日用品，刺激了欧洲制瓷业对中国瓷器的仿效。至明末清初，中国内乱与海禁再次造成海外陶瓷供应短缺，越南青花瓷趁机一跃而起，譬如日本在这一时期就进口了大量的越南瓷器。不过越南青花瓷品种单一，瓷质粗糙，只能迎合东南亚市场对粗瓷的需求。但到了康熙年间康熙皇帝开海禁后，越南粗瓷就在荷兰东印度公司的进口目录中消失了。17 世纪后，越南制瓷业衰落，遂产生了向中国定制瓷器的风尚。

广西北部湾地区的海路贸易与文化交流

元代

元朝平定安南后，封陈光昺为安南国王，元世祖规定每三年安南要向元朝朝贡一次。安南的朝贡都是遣使由钦州送进来的。钦州、廉州的沿海港口是降服占城、交趾的后方基地，频繁的军事活动也促进了海上交通的发展。至元年间，元政府宣布开放北部湾沿海互市，钦州湾一带的对外贸易开始兴盛。

中越两国边境贸易的货物很丰富，据《岛夷志》载，安南大越国盛产沙金、白银、铜、锡、铅、象牙等。我国的医药、乐器等传入越南，对越南产生了较大影响。在防城港洲尾地区出土了若干越南 13—14 世纪

防城港洲尾地区出土的越南青瓷片

的青瓷片，说明当时防城港与越南不仅有贸易往来，而且有制瓷技术的交流。此外，越南北部居民的风俗习惯也受到了中国的影响，如越南云屯地区也流行以商贩为谋生的职业，饮食和穿衣也模仿中国商人。

明代

明洪武元年（1368 年），朱元璋派遣使者向安南、占城等国颁布诏书，命令他们向明朝称臣纳贡。次年，安南、占城分别派专使向明朝祝贺，进贡土特产，并请封爵。明朝封陈日煃为安南国王，封阿答阿者为占城国王。

安南向明朝主要进贡金银器、犀角、象牙、白绢及各种香料，占城则主要进贡象、象牙、犀、犀角、孔雀、孔雀尾羽及各种香料。明朝也回赐封赏，赏赐国王的物品主要是《大统历》、彩缎、冠带、纱罗等，赏赐使臣的主要是各种彩缎、纱罗、衣裤、靴袜等。

明初曾在钦州康岭长墩岛设长墩巡检司署，对往来船只只收盐税和进出口货物税。明政府还先后 18 次在廉州大规模采珠，钦廉一带的陶瓷、珠宝等土特产常见于互市中。

明初市舶制度规定，凡是来朝贡的人，虽可携带贡物以外的商品，再由官府设牙行与民间贸易，但必须先入朝朝贡后才能进行民间贸易。另外，对贡期、贡舶、贡道和人数有严格规定，如安南贡道必须从陆路进入广西经南宁北上中原，这在一定程度上限制了钦州湾的海路贸易。不久，明政府开始实行海禁，钦州湾沿海的官方贸易贡舶基本消失。

中越两国之间的经济、文化交流可谓源远流长。安南开始建立学校时都用汉字。中国的"四书五经"在安南进一步传播，安南人以周公为先圣，以孔子为先师。安南颁行的官制、考试制度和内容，同明朝如出一辙，制定的"雅乐"也尽仿明朝的制度。

清代

清顺治四年（1647 年）二月，清世祖颁诏天下，诏令东南海外靠近浙江和福建地区的国家，如琉球、安南、暹罗和日本等，愿意效忠并前来朝贡的，给予与朝鲜一样的优待。直到顺治十七年（1660年），安南国王黎维祁才奏表投诚并朝贡。嘉庆七年（1802年），阮福映统一安南，同年命黎光定赍国书及象牙、犀角、沉香等往清朝请封，且请改国号为"南越"。翌年，清政府因安南在百越之南，赐其国号"越南"。至嘉庆九年（1804年）遣使前往宣封之时，又赐彩缎、瓷器、茶叶等。据《大南实录》记载，越南每两年朝贡一次，每四年派遣一次正式的使团。

清代安南进贡的道路曾发生过几次变化：康熙年间规定，安南由今广西崇左江州区进贡；雍正年间规定，由广西、湖南、湖北、江西、山东、河北进贡；乾隆年间规定，改由广西水路，经广东肇庆等府，到江西沙井走陆路进京；嘉庆年间规定，由陆路到广西凭祥州，入镇南关，由水路到达京师。

尽管明清时期实行严厉的海禁政策，但中越边民的交往互市是无法断绝的。他们所贸易的都是日常的生活用品与土特产，如锡箔、土香、色纸、京果等物。

康熙年间，清政府的海禁政策有所松弛，并相继设立江海关、浙海关、闽海关、粤海关，中国的对外贸易进入了设关管理时期。当时全国开辟了100多处允许中外商人从事进出口贸易的港口，其中广东有7个总口、69个小口，钦州湾沿岸有钦州关、廉州关和山口关3个小口。到乾隆年间，清政府只保留了粤海关。从此，广东沿海的对外贸易不断增长，民间的对外贸易也十分兴盛，像钦州东兴街和思勒峒这两个地方，因为离安南很近，不同民族杂处，走私贸易的商贩很多。当时，商人在钦廉沿海频繁往来，运出的产品有生丝、牛皮、海产品及广西的靛青等土货和一些手工业品，运进的商品则以安南大米为主。但清政府禁止商人往南海贸易的政策仍未彻底放松，直到道光年间，越南请求从海道来粤贸易时，清政府仍令越南国王恪守旧章，从广东钦州及广西水口等入关，各陆路往来贸易不得由海道前来。

随着政治经济联系的加强，越南深受中国文化影响。越南的律例、历法等多用清制。越南文人精通汉语，喜欢汉文书籍，并能用汉文写诗作文。越南境内的许多祠庙，所供神像也与中国相同。两国交往密切，互相影响，以至在民俗方面也十分相似。

18世纪后半期以后，很多广西人迁居越南，为越南的农业、手工业和商业发展作出了较大贡献。除开荒耕种外，砖、瓦、瓷器、纸张、笔、墨等的制作技艺，以及印刷、丝织、锦绣等行业的技艺，也在越南传播并发展起来。

芒街被誉为"越南瓷都"，该地的陶瓷业是由广西籍华侨一手创建并发展起来的。光绪年间，董姓商人在芒街创办第一家瓷厂，窑工大多来自广西，产品主要为粗瓷和青花瓷碗，畅销越南各地，甚至远销法国、古巴等国。一江之隔的防城港可能也是芒街瓷器的产销地之一，防城港市博物馆征集到的青花瓷碗、碟、瓶、盘等器物，均是芒街瓷厂的主要产品。

碗

碗

碗

盘

防城港地区采集、征集的
越南青花瓷

广西北部湾海路贸易的衰落

明清时期，北部湾海域有安南、珠盗、倭寇等多股海寇活动，影响了北部湾地区的边境及对外贸易往来的安全。明清政府为了安全，实行严厉的海禁政策，不仅限制沿海地区的民间商贸活动，而且对朝贡和互市的贡期、贡舶、贡道和人数都有严格的规定。到了清代，清政府多次变更安南贡道。这些政策在一定程度上限制了北部湾地区的海路贸易。

16 世纪以后，葡萄牙人将传统的海上丝绸之路与大西洋联系起来，建立了澳门—马六甲—果阿—里斯本的贸易新航线。没多久，西班牙人又开辟了西班牙—南美洲—马尼拉—西班牙的环球航线。这些航线的开辟，使海上丝绸之路向东延伸到美洲，扩展到全球，使亚洲从东西两个方向与欧洲联系起来，世界市场开始形成。荷兰、英国、法国、俄国等列强也进入亚洲，纷纷建立殖民据点，瓜分东西方海路贸易的控制权。如此一来，中国与东南亚、南亚、非洲等地传统的官方朝贡贸易关系便遭到了欧洲殖民者贸易垄断的破坏，中国逐渐失去海路贸易的主导权，被动卷入由欧洲人控制的世界市场。古代海上丝绸之路的风帆贸易，从此悄然走向终结。鸦片战争后，中国被迫与西方列强签订了大量不平等条约，西方列强逐步控制了中国的对外贸易，中国从此沦为西方工业品的销售市场及原料的供应地。

虽然在此期间清政府设立北海常关，开通了不少通商口岸，还开设洋行，打破了英国的垄断局面，但好景不长，随着蒙自、龙州、梧州、湛江等通商口岸的先后开通，分散了西南地区的贸易口岸，北海的门户作用迅速下降且衰落。光绪年间中法两国签订《广州湾租借条约》后，清政府将广州湾（湛江）租借给法国，毗邻北海的广东高州和雷州两地的贸易也由北海转向广州湾。至此，西南地区多处通商口岸的开通，使北海港的经济快速萎缩，贸易盛况不再。

广西古代海上丝绸之路的兴衰

海上丝绸之路自兴起、发展、鼎盛至衰落，延绵达两千年。海上丝绸之路沿线的文化遗产是东西方交流最直接的载体，是丝绸之路精神和民心相通的历史见证。广西已经在重点部署和加快推进『海上丝绸之路·北海史迹』的保护、申遗工作。

国家经营海洋的策略与海上丝绸之路的兴衰

古代海上丝绸之路始于公元前 2 世纪的汉武帝年间，终于清道光二十年（1840 年）爆发的鸦片战争，历时近两千年。在这段漫长的岁月里，海路贸易的兴起、繁荣和衰落，无不与历朝历代统治者经营海洋的诉求及"开海""海禁"等策略密切相关。

西汉时期，西汉王朝实行一系列发展经济与保障民生的政策后，国力蒸蒸日上。汉武帝特别注重海洋的谋划与治理，他在位 54 年，至少 10 次东巡海上。他通过东巡海上的实践，亲临海洋，了解海洋，感知海洋，说不定，并可能因此而有了探求海洋和海外未知世界的欲望。于是，当他平定南越国，全面控制了北部湾及南海沿岸后，便着手开通一条从合浦郡出发、与西方往来的海洋通道，使南洋航运事业得到飞速发展，北部湾地区也迎来了历史上最辉煌的时期，一跃成为汉朝对外开放的桥头堡。此后的两汉时期，合浦逐渐成为岭南的政治中心和军事重镇。

三国时期，海路贸易没有停滞，孙吴政权仍在苦心经营，南洋的海上交通还是有较大发展的。当时扶南是南海的一大强国，控制中南半岛，不但是东西海上交通的要冲，而且是我国向西方发展海路贸易必经的贸易港口。扶南等国来献琉璃，东吴也开始重视扶南，次年派使者出使扶南。因为对海路贸易十分重视，所以东吴立国仅仅五年，就已经和罗马建立了联系。更值得一提的是，当时东吴已能建造体积巨大、载重极高的大型船只，掌握了棹橹驶风航行技术，打破了航行的目的地只到印度的局限，能够西渡阿拉伯海后到达东非和大秦。

到了唐代，又有新的海路贸易策略。安史之乱后，唐朝势力退出了西域地区，陆上丝绸之路受阻甚至中断，国内的经济重心逐渐由北向南转移。为了适应不断发展的瓷器出口和各类香药进口的需要，对外贸易空前扩大，海上运输量也大大增加。随着南海贸易不断兴盛，唐政府加强了对海路贸易的管理。开元年间，唐政府派周庆立为安南市舶使，历史性地开创了管理海上外贸活动的市舶使制度。这一制度的推行，不仅维持了当时的海路贸易秩序，增加了唐政府的财政收入，而且推动了唐代中后期至宋代海路贸易的繁荣发展。

宋朝几乎无法经略陆上丝绸之路古道，这促使贸易由陆上转向了海上。于是，宋政府开放国门，大力鼓励和发展民间的海路贸易。这种在中外关系上的实用主义，推动了海路贸易的发展。

元朝海路贸易非常发达，航运规模世界领先，其贸易规模之大、持续时间之长、形式之多样，均超越历代。对元朝统治者来说，海路贸易既能获得军队和国家需要的物资，又能获得海外奇珍，于是他们极力加强对海路贸易的控制和垄断，大力推行各种形式的官商贸易，投入巨大的人力、物力和财力，客观上对元代海路贸易发展起到了推动作用。元朝在泉州、庆元等四地设立市舶司。当时泉州是东方第一大港，商船从泉州起航，可到东非和地中海沿岸。元朝通过海上丝绸之路所联系的国家和地区远比前朝广泛，还发展出一些新航线。

明朝的对外政策比较矛盾，一方面对外奉行睦邻友好关系，另一方面又实行海禁，禁止民间赴海贸易，海路贸易方式主要为具有政治交换色彩的朝贡贸易，就是说想贸易必须有官方特许的"勘合符"。永乐至宣德年间，明政府主持了世界航海史上著名的"郑和下西洋"活动。郑和利用强大的国家力量作为后盾，七下西洋进行海路贸易，这样的外交、政治、军事和经济相结合的活动，极大地促进了中国与亚、非各国朝贡外交关系的发展。同时，明代前中期持续实施海禁，使得宁波港外的双屿岛及漳州等地的走私贸易盛行。隆庆元年（1567年）开放海禁，把漳州的走私贸易重新纳入政府监管。明政府开"洋市"，安排官员收税，由此新开辟了一条从漳州月港出发经马尼拉通向美洲的贸易路线，使中国海上丝绸之路贸易几乎遍及全球。

此后，中国持续实行闭关锁国的海禁政策，海路贸易逐渐衰落。近代，西方殖民者到来，中国沦为半殖民地半封建社会，不但失去了海路贸易的主权，还被迫签订大量不平等条约，古代海上丝绸之路终于在欧洲人开辟和垄断的新航路中走向终结。

港口集散区产业经济与海上丝绸之路的兴衰

腹地和港口是构成对外开放地域形态的基本要素，腹地的大小在很大程度上决定了港口的发展。汉代岭南的交通主要依赖水路。南流江是合浦水路的大动脉，与北流河之间有分水岭，民间称"鬼门关"，货物在这里转运非常不方便。即使开通了灵渠，通航利用也很有限，航道并非畅通无阻，而是经历了屡次疏通、淤浅。这些因素制约了合浦港的辐射能力，因此北部湾地区与中原间运送大宗货物，一般从福州经江西过长江进入中原。

三国以后，经济中心发生转移，跨海离岸航线开辟后，黄河、长江和珠江三大水系联通内陆腹地的模式逐渐固定，陶瓷成为主要出口商品。

汉代以后，北部湾地区在海上丝绸之路贸易中的地位逐渐下滑，原因主要是当地外向型产业欠缺，以及港口集疏运网络辐射能力不强。不同时期出口大宗商品丝绸和陶瓷的生产，便是明显的例子。

丝绸是汉唐时期最主要的出口商品。西汉时，长安城内有国家经营的纺织工场，齐郡临淄和陈留郡襄邑县（今河南睢县）纺织业发达，也设有官营工场，派专职人员管理。汉代时，随着大量中原人口南迁合浦，他们带来了先进的牛耕农业技术和各种手工业生产技术，其中也包括先进的纺织业生产技术。但遗憾的是，纺织业没有得到发展，这可能是因为丝绸是奢侈品，普通百姓消费不起，再加上南流江沿河平原狭窄，种桑面积不多，故而难以形成生产规模。这就导致汉代海上丝绸之路输出的丝织品只能来自朝廷的赏赐，数量十分有限。唐代时情况有所好转。盛唐时期，无论是产量还是种类，丝织品产业都处于历史的高位，从文献记载来看，主要种类有绢、绫、绸、绵、丝布、纱、罗、锦、绮等，生产基地主要集中在黄河中下游地区、西南地区和长江中下游地区。这些丝织品基本上都是通过官方把控的朝贡贸易和互市贸易进行输出，外贸由官方垄断，民间贸易量很小；商路主要依托陆上丝绸之路和海上丝绸之路，以陆上丝绸之路为主，海上丝绸之路主要有东海发至朝鲜半岛、日本的航线，以及南海发至西亚、北非及南亚的航线。

陶瓷是另一个出口大宗商品。陶瓷易碎，更依赖水路运输。唐代时中国陶瓷由海上陶瓷之路远销世界各国，外销瓷以长沙窑青釉彩绘瓷或青瓷和越窑青瓷为主。当时，海外商人来中国贸易可以享受保护和奖励政策，从而促进了随后瓷器贸易的繁荣与发展。宋元时期，航海业得到发展，对外贸易也进一步加强，中国陶瓷的外销呈现空前繁荣的局面。这个时期的外销瓷以龙泉窑系青瓷为主。尽管明代一度实行海禁，但中国陶瓷的输出并不曾停止。永乐至宣德年间郑和七下西洋，进一步促进了海上对外贸易的发展，外销瓷不但大量输出到亚洲、非洲各国，而且自明代晚期开始还倾销欧洲各国。明代中叶到清代，有很多外国商人到中国收购或订购大量瓷器。明清时期的外销瓷主要是景德镇的青花瓷和釉上彩瓷，许多瓷器的身上都绘有精美的图案。

考古发现证明，中国陶瓷所输出的国家和地区达50多个，在今朝鲜、日本、菲律宾、印度尼西亚、马来西亚、泰国、印度、巴基斯坦、伊朗、伊拉克、埃及等国都出土了中国的陶瓷。据统计，输出外销瓷的港口，唐代有交州、广州、泉州、扬州等，北宋有广州、杭州、明州等，南宋有广州、杭州、明州、泉州等，元代有广州、泉州、温州、杭州、上海等，明清以来有广州、福州、漳州、厦门、温州、汕头等。

合浦当地的陶瓷原料虽然丰富，但是汉代时的陶瓷手工业并不发达，因此合浦汉墓出土器物多为釉陶，到东汉晚期也仅出现部分高温釉陶。当时，合浦当地还没有制作精美瓷器的能力，因此出土的瓷器一般是外地传入的。如三国时期的岭脚村4号墓出土了一批包括无耳罐、四系罐、广口罐在内的青瓷器，研究者认为其明显具有三国时期东吴的江苏、浙江一带吴地产品的特征，应是从吴地传入合浦的。唐代合浦的英罗窑，从前期调查和试掘的情况来看，产品也多为六系罐等质地一般的高温釉陶，其使用流通也只限于附近区域。宋代时，北流河流域的容县岭峒窑等已能烧制质量上乘的青白瓷，但这些产品也只是顺河北上，进入西江，到达广州出海贸易。

唐代的海路交通贸易航线都必须绕过北部湾，而北部湾沿岸地区无法形成丝绸、陶瓷等出口产品规模化的生产能力，以满足海外市场的需求。因此，从北部湾出海的远洋贸易只能逐渐萎缩，走向衰落。

"海上丝绸之路·北海史迹"申报世界文化遗产

2012年，国家文物局公布《中国世界文化遗产预备名单》，"海上丝绸之路·中国史迹"项目位列其中。该项目所包含的"海上丝绸之路·北海史迹"包括合浦汉墓群、草鞋村汉城址和大浪古城，三处遗产点互为关联，均为全国重点文物保护单位。自治区级文物保护单位北海明代白龙珍珠城遗址被列为后备项目。

【合浦汉墓群】合浦汉墓群是目前国内规模最大、保存最好的墓葬群之一，分布于合浦县城及其东、南、北三面，面积约68平方千米。地表现存的封土堆有1056个，从多个墓区历年的勘探和发掘情况估算，地

北海海上丝绸之路遗产分布示意图

下墓葬的埋藏量有上万座。合浦汉墓群的发掘始于20世纪50年代，截至2013年底发掘的古墓葬数量已超过1200座。这批墓葬以汉墓居多，三国墓次之，还有少量晋墓和南朝墓。按构筑材料和构筑方式的不同，汉墓可分为土坑墓、木椁墓、砖木合构墓（主要为砖圹墓）和砖室墓四类，出土文物近20000件，主要包括陶器、铜器、铁器、金银器、玉石器、玻璃器及各类珠饰。合浦汉墓出土的有关海上丝绸之路的文物，更是研究中西贸易和文化交流的重要资料。

【草鞋村汉城址】草鞋村汉城址位于合浦县城廉州镇草鞋村西面，西临南流江分支——西门江，距现在的入海口约10千米，大致呈长方形，周长 1300 多米。20 世纪 80 年代曾被确定为"窑址"。2007 年至 2012 年进行了数次发掘，在发现城墙和护城河后，确认为城址。

【大浪古城】大浪古城位于距合浦县城东北约 11 千米处的石湾镇大浪村古城头村民小组，西有周江向南流经县城（此段称"西门江"）后流入北部湾，距现入海口约 21 千米。大浪古城为汉代城址，正方形，边长约 218 米。2002 年和 2011 年先后两次对城址进行发掘，发掘面积共约 690 平方米，发现了居址和码头等遗迹，还出土文物一批。

两座城址位于同一河流的上下游，相距不足 15 千米，是合浦县境内发现的仅有的两座汉代城址。它们布局相同，均是四面筑墙，一面临江，三面开挖护城河与江河相通。两城的筑城技法与中原及关中地区早期及同时期的做法类似，应是汉武帝平定南越后，受强大的汉文化影响所致。大浪古城应是始设合浦县的治所，在城址临江一面，还发现了土筑的码头遗存。草鞋村汉城址的规模较大，面积为大浪古城的两倍多；等级更高，合浦汉墓群呈扇形分布在城址的东、南、北三面，故此处应是东汉合浦郡的治所，且作为郡治的时间可能早至西汉晚期。草鞋村汉城址发掘的结果表明，西汉中期这一带已有人活动；西汉晚期至东汉早期，遗址的一角出现了大型的手工业作坊，应是为就近满足大量的建筑材料需求而设；东汉晚期及稍后，随着城内居民增多或建设需要，作坊位置已变为居址，出现用方砖铺砌地面的大型建筑。汉代人口稀少，从考古发现和当时的聚落特征来看，人口多是在城里及周边分布，港口不可能脱离城而单独存在，两者相互依存，在空间上也应是连接的，即港城一体。从两座城址的堆积来看，大浪古城使用的时间短暂，自西汉晚期起，随着社会和经济的发展，治所移至草鞋村汉城址一带，港口亦随之顺江南迁。

后备项目明代白龙珍珠城遗址是现存最早的采珠遗存，位于今北海市铁山港区营盘镇白龙村（1994 年从合浦县划入）。洪武初年，朝廷在此筑城，设官镇守珠池，大肆开采，现存城址及《宁海寺记碑》《黄爷去思碑》《李爷德政碑》等。

大量翔实的古代文献和考古发现，记载和表现了"海上丝绸之路·北海史迹"涉及汉代合浦海外交通贸易的真实情况；大量具有异域风情的出土文物，见证了汉代合浦与海外文化交流的盛况；考古发掘的大浪古城码头是世界上已发现的最早的港口设施之一，结束了这一航线始发港"有史载无考古实证"的历史，为中国航海史、对外贸易史提供了珍贵的实物资料，也为合浦作为最早的海上丝绸之路始发港之一提供了重要证据。

"海上丝绸之路·北海史迹"遗产区内包含的承载其突出普遍价值的全部遗产要素是几千年传承下来的珍贵遗产，分布在近百平方千米的范围内，能够完整地体现遗产的发展过程和价值特色。合浦汉墓群作为墓葬区，大浪古城和草鞋村汉城址作为聚落区，它们于所在地域内相互依存，不可分割，对于复原汉代合浦港、研究汉代海上丝绸之路是必不可少的重要资料。不仅如此，还完整保存了大量记载"海上丝绸之路·北海史迹"2000 多年持续发展的历史文献和图片资料，完整地传承和延续了遗产在精神层面的文化影响力。虽然随着造船、航海技术的提高，船只的变大，航线的延长，各种大船可以绕过北部湾，直接驶向华南、东南和东部沿海各港口，合浦港失去了昔日的优势地位，汉代海上丝绸之路最终走进了历史，但是其所带来的中外文化交流、互动的关系却完整保存至今。

2017 年 4 月 19 日，习近平总书记到广西考察调研，首站来到北海市。在合浦汉代文化博物馆，习近平总书记饶有兴趣地参观了海上丝绸之路文物精品展览，所展出的波斯陶壶、罗马玻璃碗及各类精美的珠饰，见证了合浦作为海上丝绸之路早期始发港的历史。习近平总书记详细了解了文物的年代、特点、来源，询问了古代海上丝绸之路贸易往来、文化交流的有关情况，赞扬这里有着深厚的文化底蕴。随后，习近平总书记冒雨考察北海市铁山港公用码头。在铁山港公用码头，习近平总书记同工人们亲切交谈，他说，今天考察了合浦汉代文化博物馆和铁山港码头，这都与"一带一路"有着重要联系，北海具有古代海上丝绸之路的历史底蕴，我们现在要写好新世纪海上丝绸之路新篇章。

2017 年 5 月 14 日在北京召开的"一带一路"国际合作高峰论坛上，习近平总书记发表主旨演讲，对古代海上丝绸之路伟大的历史和现实意义进行了概括："我们的先辈扬帆远航，穿越惊涛骇浪，闯荡出连接东西方的海上丝绸之路。古丝绸之路打开了各国友好交往的新窗口，书写了人类发展进步的新篇章"，而北海等地的古港，"就是记载这段历史的'活化石'"。

广西壮族自治区党委、政府充分认识到"海上丝绸之路·北海史迹"申遗工作的重要性，已经把"海上丝绸之路·北海史迹"的保护、申遗工作列入自治区层面统筹推进的重大项目，进行重点部署和加快推进。

海上丝绸之路沿线的文化遗产是东西方交流最直接的载体，是丝绸之路精神和民心相通的历史见证，是建设"一带一路"的文化基石。"一带一路"承载着丝绸之路沿线各国发展与繁荣的梦想，也为文化遗产保护带来了新的机遇。广西要抓住这一历史机遇，继续多层次开展与东南亚、南亚国家的考古研究和文化交流，深化以中国与东盟为重点的"一带一路"国家文化合作机制，谱写好海上丝绸之路新篇章。相信在各方面的推动下，只要坚持不懈，海上丝绸之路申报世界文化遗产一定会取得成功。